LE
LA FONTAINE
EN ACTION

ou

La Moralité de chaque Fable de La Fontaine
développée et prouvée
par un trait historique ou biographique

OUVRAGE SPÉCIALEMENT DESTINÉ A L'INSTRUCTION
DE LA JEUNESSE

Par C. HYGIN-FURCY
Ex-Rédacteur en chef du Nouveau Journal
des Connaissances utiles

> Écrivez un discours à la jeunesse, animez-
> la à tous les nobles sentiments....
> Silvio Pellico (*Mes Prisons*, chap. inéd.)

PARIS
E. BELHATTE, LIBRAIRE-ÉDITEUR
Rue de l'Abbaye-Saint-Germain, 14.
1875

TOUS DROITS RÉSERVÉS.

LE

LA FONTAINE EN ACTION

LES SIX PREMIERS LIVRES DE LA FONTAINE

PREMIÈRE PARTIE.

TOURS, IMP. LADEVÈZE.

LE
LA FONTAINE
EN ACTION

ou

La Moralité de chaque Fable de La Fontaine
développée et prouvée
par un trait historique ou biographique

OUVRAGE SPÉCIALEMENT DESTINÉ A L'INSTRUCTION
DE LA JEUNESSE

Par C. HYGIN-FURCY

Ex-Rédacteur en chef du *Nouveau Journal des Connaissances
utiles.*

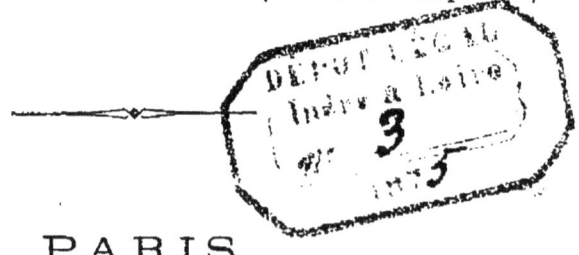

> Écrivez un discours à la jeunesse, ani-
> mez-la à tous les nobles sentiments....
>
> SILVIO PELLICO (*Mes Prisons*, chap. inéd.)

PARIS

E. BELHATTE, LIBRAIRE-ÉDITEUR

Rue de l'Abbaye-Saint-Germain, 14.

1875

TOUS DROITS RÉSERVÉS.

A la compagne de mes longs voyages;

A celle qui fut mon soutien dans les jours d'infortune;

A l'épouse vertueuse et à la tendre mère;

A ma femme Clémence-Françoise HYGIN-FURCY, *née* VERBEKE.

C. HYGIN-FURCY.

PRÉFACE

Marmontel a dit du bon La Fontaine :

> Simple et profond, sublime sans effort,
> Les vers heureux, le tour rapide et fort,
> Viennent chercher sa plume négligente.
> Pour lui sa muse, abeille diligente,
> Va recueillir le suc brillant des fleurs.
> Mais sous l'appât d'un simple badinage,
> Quand il instruit, c'est Socrate ou Caton,
> Qui de l'enfance a pris l'air et le ton :
> De l'art des vers tel est le digne usage.

Ces strophes contiennent une juste appréciation du grand poëte dont les fables sont le premier livre de l'enfance. Plus on lit l'immortel fabuliste et plus on y découvre de beautés. Dans la jeunesse, on passe légèrement sur ces œuvres admirables ; mais, dans l'âge mûr, on comprend la pensée du philosophe, on la développe dans toute son étendue, et chaque fable devient alors un petit poëme.

Ésope et Phèdre ont employé la forme allégorique, en se servant ingénieusement d'animaux ou d'objets inanimés pour instruire les hommes. La fiction leur permettait de tout dire sans exciter la haine des puissants, et La Fontaine en cela les a imités, sauf en quelques récits dont le sujet est de son invention. Cette forme allégorique peut donc être considérée comme le type du genre pour la fable, tout en suivant le précepte d'Horace :

« Les fictions faites pour plaire doivent approcher de la vérité. »

L'allégorie présente pourtant quelques inconvénients pour faire comprendre au jeune âge toute la portée de la moralité de la fable elle-même. L'enfant s'arrête rarement aux maximes, qui, presque toujours, terminent chaque récit ; il ne cherche pas à les approfondir, il ne saisit que l'action décrite, et pour lui, dans la fable du *Loup et de l'Agneau*, il ne voit qu'une bête farouche qui dévore un pauvre animal inoffensif, il n'en tire pas d'autre conséquence. Dans le cours de notre existence, nous avons eu bien des élèves, et même les plus intelligents de ces enfants ne comprenaient pas le sens moral de la fable, et ne pouvaient en faire l'application, car ils n'en retenaient que la forme extérieure.

PRÉFACE.

L'ouvrage que nous offrons aujourd'hui à la jeunesse n'a d'autre but que de développer la morale de chacune des fables de La Fontaine, de la rendre claire et très-facile à saisir par un exemple cité à l'appui, exemple que nous choisissons dans les fastes historiques de tous les pays ou dans la biographie des hommes illustres. « L'histoire, a dit un grand écrivain portugais [1], est la mère de la vérité, l'émule du temps, le dépôt des actions, le témoignage du passé, l'exemple et l'avis du présent, et l'avertissement pour l'avenir. » Ces grandes pensées ne sont qu'un développement plus complet du passage où Cicéron appelle l'histoire « le témoin du temps, la lumière de vérité, et l'école de la vie. » En effet, les exemples qui nous sont offerts par le passé, peuvent nous éclairer, guider notre jugement et nous servir de règle dans notre conduite. Montaigne, ce grand penseur, l'avait bien compris dans ses *Essais*, où il cite volontiers à l'appui de ses axiomes des faits tirés de l'histoire des peuples ; son intention, en agissant ainsi, était de remplacer en quelque sorte, l'expérience, cette science si coûteuse à acquérir, car elle use l'étoffe dont la vie est faite.

[1] Vieira.

Il nous a fallu bien des recherches pour appliquer à chaque moralité des fables de La Fontaine un exemple historique à la fois juste et intéressant; nous avons toujours choisi de préférence les faits qui se sont passés dans notre pays, car ils ont un intérêt plus direct encore; nous avons surtout cherché à développer dans les cœurs ces sentiments de religion, d'honneur et de dévouement qui animaient nos ancêtres et en faisaient des lions au combat, des agneaux dans la vie privée. Ce n'est qu'en s'échauffant à ce grand foyer d'amour de la patrie et du devoir, que la jeunesse moderne pourra se dépouiller de cet indifférentisme, hélas trop développé par des doctrines perverses; indifférentisme qui ne peut amener que la ruine de la famille et des nations; ce n'est que par la foi en Dieu, l'amour du bien et de la vertu, que la France pourra se régénérer et retrouver la place qu'elle a momentanément perdue parmi les grandes nations.

L'indifférence est la plaie de notre siècle. Lamennais l'a écrit bien éloquemment dans un traité sur ce sujet [1], considéré uniquement sous le rapport religieux. Mais, depuis le grand écrivain, le mal a

---

[1] *Essai sur l'Indifférence.*

fait des progrès; on n'est pas aujourd'hui indifférent seulement pour la religion, on l'est pour le bien de l'humanité, pour la vertu, et même pour la patrie; on oublie complétement que

> . . . . Le temps, les biens, la vie
> Rien ne nous appartient, tout est à la patrie :
> Les jours de l'honnête homme au conseil, au combat,
> Sont le vrai patrimoine et le bien de l'État [1].

Pour procéder à cette régénération du pays, au développement de ces principes généreux qui ont fait en tous temps la gloire de la France, il faut n'inspirer aux jeunes gens que de nobles pensées. Nous n'approuvons pas totalement l'exagération d'une époque où l'on ne nourrissait l'enfance que d'exemples grecs et romains, et où (comme tout est mode chez nous) les arts, les lettres même, se ressentaient de cette influence antique; mais, nous reconnaissons que cette éducation à la spartiate a fourni bien des héros qui surgirent à l'époque où périt *le Vengeur*, et finirent à Waterloo. Cette éducation ne valait-elle pas mieux que celle qui domine depuis quarante ans? Elle ne se basait pas, il est vrai, assez sur la religion, mais du moins elle

[1] Gresset.

enseignait le dévouement au pays, et l'amour du devoir.

Aujourd'hui, grâce à des doctrines perverses qui ne sont que trop prônées, et dont nous avons déjà éprouvé les funestes résultats, l'indifférence a gagné toutes les classes, et, semblable au ver qui ronge l'intérieur d'un fruit superbe en apparence, elle mine la société moderne, elle la détache de la famille, voile sous le nom de philanthropie le plus horrible égoïsme, et n'a pour devise que la soif de l'or.

« On n'estime aujourd'hui les hommes qu'à proportion de leur fortune, c'est l'argent qui fait parvenir aux honneurs et qui procure des amis; le pauvre est partout dédaigné.[1] »

C'est donc maintenant plus que jamais qu'il faut dire avec Sénèque : *Regenda est fervida adolescentia.* (La bouillante jeunesse a besoin qu'on la dirige.) C'est par l'éducation bien dirigée que l'on pourra régénérer le pays en faisant honorer la religion et ses ministres, respecter les parents, les supérieurs, car de cette désobéissance, aujourd'hui passée en habitude, naissent des maux incalculables. Comment le jeune homme qui n'a qu'une faible

---

[1] Ovide.

conviction religieuse, et qui n'obéit pas à ses parents, qui se moque des admonestations de ses professeurs, pourra-t-il, une fois entré dans le monde, obéir à ses chefs s'il est soldat ou marin? Comment se soumettra-t-il à des ordres qu'il ne comprendra peut-être pas, mais qu'il voudra interpréter et discuter? Partisans des doctrines nouvelles, commentez ce que nous venons de dire, et voyez si la plupart de nos désastres ne viennent pas de cette désobéissance et de cette indiscipline qui entravent les chefs dans la direction de leurs plans ?

Que l'histoire nous serve de guide ; imitons nos ancêtres : ils furent grands parce qu'ils eurent la foi, l'amour de la patrie et le désintéressement. Un peuple qui a été le premier du monde, un peuple qui peut s'enorgueillir d'un siècle de gloire comme celui de Louis XIV, ne peut pas, ne doit pas marcher à sa perte, en soutenant les viles doctrines de l'indifférence et de l'égoïsme.

Ce qui nuit, plus qu'on ne le croit peut-être, à développer en France l'esprit malsain dont nous parlons, c'est la lecture de mauvais romans qui faussent l'imagination, celle de recueils qui ne sont parfois que trop spirituels et amusants, représentant en caricatures les choses les plus sérieuses de la vie. Ouvrez ces dangereux recueils, vous y verrez d'amères plaisanteries sur la religion ; l'autorité des parents, des supérieurs, y est traitée en dérision ; le mariage n'est pas plus épargné ; comment serait-il possible que petit à petit cette doctrine ne s'infiltrât pas comme un poison dans l'esprit de la jeunesse, qui partout est imitatrice, mais surtout dans notre pays, où elle est naturellement moqueuse, spirituelle, et ayant tendance à l'indiscipline ? Il serait urgent de restreindre la propagation et les abus de ces livres pernicieux pour leur substituer une littérature saine et utile. Comme le disait, il y a environ un siècle, un auteur anglais de mérite [1] : « Les belles lettres embellissent nos jours, attendrissent nos âmes, nous font pleins de foi envers la Divinité, et nous conduisent ainsi par la religion et la morale à la pratique de toutes les vertus. »

Il faudrait une plume plus éloquente que la nôtre pour développer le thème que nous venons simplement d'indiquer ; pour flétrir les doctrines perverses qui ont fait la ruine de la France, et vanter la nécessité d'une réforme générale dans l'éducation de la jeunesse, pour arriver à la régénération du pays. Nous sentons notre incompétence pour

[1] Gibbon.

accomplir cette œuvre, et ne pouvons y aider que par notre bonne volonté et surtout par notre ardent désir d'être utile.

En publiant *le La Fontaine en action*, nous n'avons qu'un but, c'est de vulgariser l'admirable morale des maximes du grand fabuliste, en les appuyant d'un exemple qui les fixe plus facilement et plus profondément dans l'esprit des jeunes gens; c'est en un mot de leur venir en aide pour qu'ils fassent d'eux-mêmes l'application de la règle, et profitent des excellents conseils de cet écrivain immortel. Les exemples choisis, se rapportant pour la plupart aux grands faits historiques, pourront intéresser et instruire tout à la fois, et si, comme nous l'espérons, le public encourage notre œuvre, nous l'accomplirons jusqu'au bout.

On verra, en lisant ce livre, que nous avons à dessein omis certaines fables; les unes comme *le Dragon à plusieurs têtes et le Dragon à plusieurs queues*, *les Médecins*, etc, n'avaient pas de moralité, ou n'offraient qu'un sens très-obscur; d'autres, comme *l'Homme entre deux âges et ses deux Maîtresses*, *l'Ivrogne et sa Femme*, *la Femme noyée*, ont été passées sous silence, car il aurait été inconvenant de les commenter ou d'en approfondir le sujet, et nous pensons, comme l'a dit Châteaubriand, que

« le jeune âge sans innocence est une fleur sans parfum. »

Ce livre, je l'ai dit plus haut, se propose de guider et d'éclairer le jugement de la jeunesse en lui mettant sous les yeux les grands exemples de vertu, de désintéressement et de courage qui ont illustré nos ancêtres. La principale difficulté qu'il ait présenté dans son exécution est venue du cercle forcément restreint dans lequel il a fallu nous conserver pour ne pas sortir du sujet indiqué par le moraliste. Sommes-nous restés au-dessous de notre mission? Nous le craignons... mais que le public daigne avoir de l'indulgence et apprécie du moins le but utile et moral qui nous a inspirés, afin qu'il nous soit permis de dire, avec un auteur consciencieux qui fut toujours animé par l'esprit de la plus pure philanthropie : « Faibles fruits de mes veilles puissiez-vous un jour, trouvant place sur les parois de l'humble cabane, servir à apprendre à lire aux enfants du pauvre, et aider à perpétuer dans les cœurs l'admiration, l'amour et la reconnaissance [1]! »

---

[1] Extrait du *Voyageur poëte*, par H. Furcy de Bremoy, publié en 1833.

LE LA FONTAINE EN ACTION

LIVRE PREMIER

LA CIGALE ET LA FOURMI.

(Livre I. — Fable 1.)

*Vous chantiez ! j'en suis fort aise :
Eh bien ! dansez maintenant.*

LE CONNETABLE DE MONTMORENCY A LA BATAILLE
DE SAINT-QUENTIN (1557).

Cette fable a fourni matière à d'amères critiques de la part de plusieurs auteurs jaloux du grand écrivain. L'un de ces censeurs (bien célèbre lui-même à plus d'un titre), a dit qu'il y avait de l'inhumanité, de l'égoïsme dans la réponse de la fourmi. Secourir ses semblables dans le malheur est le premier devoir des hommes et le cœur de La Fontaine était trop bon, trop noble pour méconnaître ce devoir, pour approuver que la fourmi laissât mourir de faim l'imprévoyante cigale. La réponse « vous chantiez.... eh bien ! dansez maintenant... » n'est qu'une boutade, une sorte de saillie irréfléchie qui ne veut pas dire cependant que la fourmi se réjouit du mal de sa compagne, mais qu'elle regrette que cette dernière ait employé l'été tout entier en futilités quand elle aurait pu, à son exemple, amasser pour l'hiver, pour le moment terrible où la bise est venue. La mauvaise humeur de la fourmi à ce sujet nous rappelle le fait suivant.

Sous le règne de Henri II, les Espagnols pénétrèrent en France et mirent le siége devant Saint-Quentin que défendait l'amiral de Coligny. Le connétable Anne de Montmorency marcha au secours de la place assiégée, et fier des succès qu'il avait obtenus précédemment, il prit à la hâte pour livrer bataille à l'ennemi, des dispositions qui dénotaient une grande imprévoyance. Séparé des Espagnols par un marais, le général avait la persuasion qu'il ne pouvait être surpris par derrière, tandis qu'il existait un chemin que ses éclaireurs n'avaient pas aperçu et qui, s'il était occupé, coupait la retraite à son armée.

Un officier nommé Loignon, homme fort intelligent, ayant blanchi dans le métier des armes et connaissant parfaitement le pays, vit l'erreur du connétable et l'en avertit avec une franchise de soldat, c'est-à-dire avec plus de zèle et de désintéressement que de politesse. Montmorency reçut ses avis avec hauteur et n'en continua pas moins son plan d'attaque La bataille eût lieu le 10 août 1557; les Français furent enveloppés par les Espagnols et quand le connétable voulut faire sonner la retraite, la confusion fut telle que cette retraite se changea bientôt en déroute. Au milieu du carnage, le malheureux général apperçut Loignon se battant comme un lion et lui dit : « Bon homme, que faut-il faire? — Je l'ignore maintenant répondit l'officier, mais il y a deux heures je le savais bien.... »

L'armée française perdit près de dix mille hommes et une partie de ses bagages : le connétable fut blessé et fait prisonnier avec quantité d'autres gentilshommes de marque. C'est ainsi que Anne de Montmorency compromit par son imprudence les destins de son pays, car, si Philippe II avait osé marcher de suite sur Paris après la bataille de Saint-Quentin, la France était perdue sans ressources.

LE CORBEAU ET LE RENARD.

(Livre I. — Fable 2.)

Apprenez que tout flatteur
Vit aux dépens de celui qui l'écoute.

PHILIPPE IV ET LE MARCHAND.

Philippe IV, roi d'Espagne, ayant appris qu'un marchand nommé Pedro, possédait une perle d'une beauté merveilleuse, témoigna le désir de voir ce rare joyau.

Pedro fut introduit, et le monarque ébloui de la grosseur et de l'éclat de la perle, en demanda le prix.

— Cent mille écus, Sire.

— Cent mille écus! comment avez-vous pu employer une somme aussi forte (la plus grande partie de votre fortune peut-être) pour un seul objet?...

— C'est, répondit le marchand, que je savais

qu'il y avait au monde un roi d'Espagne qui me l'achèterait...

Flatté de cette réponse, Philippe IV fit compter à l'adroit Pedro la somme de cent vingt-cinq mille écus, et ce rare bijou, connu sous le nom de *la peregrina*, fut ajouté aux pierreries qui ornaient déjà la couronne d'un des plus puissants monarques de la chrétienté.

La conduite du marchand en cette circonstance justifia bien la parole du sage que « tout flatteur vit au dépens de celui qui l'écoute. »

LA GRENOUILLE QUI VEUT SE FAIRE AUSSI GROSSE QUE LE BŒUF.

(Livre I. — Fable 3.)

Le monde est plein de gens qui ne sont pas plus sages :
Tout bourgeois veut bâtir comme les grands seigneurs,
Tout petit prince a des ambassadeurs,
Tout marquis veut avoir des pages.

PYRRHUS ET LES ROMAINS (280-272 avant J.-C.)

Pyrrhus, roi d'Epire, régnait en paix, gouvernant, il est vrai, un pays de petite étendue, et aurait été heureux s'il n'avait été dévoré d'ambition au souvenir des exploits d'Alexandre le Grand et à la vue de l'agrandissement continuel de la république romaine. En effet, ce géant naissant soumettait peu à peu tous les peuples de l'Italie et faisait alors la guerre aux Samnites et aux Tarentins. Ces derniers pensèrent trouver dans Pyrrhus un général habile et lui proposèrent le commandement de leur armée, forte de vingt mille hommes. Ce roi, avide de gloire, fut ravi de cette proposition, rassembla vingt-huit mille cavaliers et fantassins, et n'attendit qu'un vent favorable pour passer en Italie.

Le roi des Epirotes avait un ministre nommé Cynéas, homme de grande éloquence et de beaucoup de jugement : trouvant un jour son maître de bonne humeur, il lui dit : « Vous songez, seigneur, à porter vos armes contre les Romains, ce fléau dévastateur de l'Italie ; si les Dieux vous font la grâce de réussir, quel avantage tirerons-nous de notre victoire? — Les Romains une fois vaincus, répartit Pyrrhus, toute l'Italie sera à nous. — Et quand nous en serons maîtres, continua Cynéas, que ferons-nous? » Le roi qui ne voyait pas où il voulait en venir, répliqua : — Voilà la Sicile qui nous tend les bras et vous savez l'importance de cette île... — Mais, poursuivit Cynéas, la Sicile prise sera-t-elle le terme de nos expéditions? — Non, certainement : quoi! nous demeurerions en aussi bon chemin! Si les Dieux nous accordent la victoire, ce ne sera là que le prélude de plus grandes entreprises : Carthage avec toute l'Afrique, la Macédoine, la Grèce entière, voilà quelles seront nos conquêtes futures. — Et quand nous aurons tout soumis, que ferons-nous? — Nous vivrons en repos, nous passerons les jours entiers en festins, en conversations agréables et en fêtes. — Pourquoi donc aller chercher si loin un bonheur qui est entre nos mains, et acheter si cher ce que nous pouvons avoir sans peine? » Le conseil était bon, mais Pyrrhus ne voulut pas le suivre.

Il s'embarqua et essuya une tempête horrible ; ses vaisseaux fracassés abordèrent en désordre sur les côtes Italiennes et ce ne fut qu'en réunissant les débris de son armée à celle des Tarentins qu'il put se mesurer avec les Romains. Il obtint la victoire, mais elle lui coûta cher, car il perdit treize mille de ses soldats et dût bientôt combattre une seconde armée plus forte que la première qu'il ne vainquit qu'à grand'peine, à Asculum, l'an 278 avant J.-C. Pyrrhus se trouva tellement affaibli après cette bataille, qu'effrayé de la ténacité des Romains dans les revers, il abandonna l'Italie pour passer en Sicile : il secourut ces peuples alors en guerre avec les Carthaginois, et après plusieurs victoires, repassa en Italie voulant se mesurer encore avec les Romains ; mais il fut alors complétement défait (l'an 274 avant J.-C.)

Contraint d'abandonner les magnifiques espérances qu'il avait conçues, le roi d'Epire retourna en Grèce combattre les Spartiates, et peu de temps après, assiégea la ville d'Argos. Il était sur le point d'entrer dans la place, quand il fut atteint au front par une grosse tuile qu'une femme lui lança du haut des remparts. Pyrrhus, renversé de cheval, fut reconnu par un argien qui l'acheva et lui coupa la tête (l'an 272 avant J.-C.

Ainsi finit ce prince ambitieux qui, semblable à la « grenouille de La Fontaine, voulait égaler le bœuf en grosseur, » et déploya inutilement de grands talents militaires pour échouer dans ses projets et périr misérablement de la main d'une femme.

LES DEUX MULETS.

(Livre I. — Fable 4.)

Il n'est pas toujours bon d'avoir un haut emploi.

LES GENTILSHOMMES ET LES VILAINS A LA BATAILLE DE CRÉCY (1346).

Le 26 août 1346, l'armée anglaise, commandée par Édouard III, occupait les hauteurs de Crécy, près d'Abbeville. Philippe VI, qui voulait lui livrer bataille, mais dont les troupes avaient fait une très longue marche, venait de donner l'ordre d'attendre au lendemain. Déjà les arbalétriers génois, qui formaient l'avant-garde, dressaient leurs tentes, quand le comte d'Alençon, dont la bouillante ardeur brûlait de se signaler, méconnaît les ordres de son chef, et suivi d'un gros de cavaliers renverse les Génois étonnés et se jette sur les Anglais : il s'enfonce au milieu des bataillons ennemis, et la mêlée devient horrible.

Toutes les troupes s'élancent alors pour soutenir l'imprudent frère du roi, mais sans ordre, sans discipline. Le nombre même des combattants les empêche d'agir. Les arbalétriers anglais, bien placés sur une colline, choisissent leurs victimes ; les chevaliers frappés au défaut de la cuirasse sont renversés de leurs chevaux et achevés par les valets d'armée Gallois et Irlandais. Au milieu de cette boucherie, périssent le duc d'Alençon, victime de son imprudence, le vieux roi de Bohême, aveugle mais encore redoutable, le comte de Flandre et une quantité d'hommes d'armes. Mais, ce qui ébranla le courage des Français et acheva leur déroute, ce fut le ravage causé dans leurs rangs par l'artillerie employée alors pour la première fois, et dont l'épouvantable fracas leur semblait un bruit provenant de l'enfer.

Suivant un chroniqueur du temps, de si grands monceaux d'hommes, de chevaux et de débris d'armes s'élevèrent, que ce qu'il y avait encore de vivant était comme assiégé, bloqué et immobile dans ces barricades mortes. Les Français perdirent dans cette bataille onze chefs ou princes, quatre-vingts bannerets, douze cents chevaliers et trente mille hommes de tous rangs.

Tout le monde fuyait, et Philippe VI combattait encore... son cheval venait d'être tué sous lui ; mais dans l'exaltation du désespoir, il voulait mourir, disait-il, avec sa « brave chevalerie ; » étant remonté sur un autre coursier, il s'était enfoncé au plus épais des bataillons ennemis et abattait tout autour de lui. Quoiqu'ayant reçu deux blessures l'une à la gorge, l'autre à la cuisse, le roi frappait sans relâche et suivi de quelques preux, semblait défier le destin contraire. La nuit venait... Jean de Hainaut, fidèle serviteur, fut obligé d'arracher Philippe de Valois du champ de bataille, en lui représentant qu'il fallait qu'il vécut pour se venger.

Ainsi ce prince, qui commandait quelques heures auparavant à cent vingt mille hommes, n'avait plus autour de lui que cinq chevaliers : Jean de Hainaut, Charles de Montmorency et les sires de Beaujeu, d'Aubigny et de Montsault. Les fugitifs arrivèrent dans la nuit au château de Broye ; les portes en étaient fermées. « Qui appelle à cette heure ? » dit le commandant, du haut des créneaux. — Ouvrez, répondit le roi, c'est la fortune de la France ! »

Les Anglais parcoururent le champ de bataille de Crécy à la lueur de fallots, non pour sauver les blessés, mais pour achever tous ceux qui paraissaient être de quelque distinction ; puis, quand vint le jour, comme le brouillard était très-épais, Édouard conçut le projet d'une embuscade pour y faire tomber les troupes, qui, ignorant la défaite du roi de France, venaient pour lui porter secours. On planta sur un lieu élevé les bannières prises sur les Français. Attirées par ces enseignes, diverses troupes venant de Rouen et de Beauvais, arrivèrent successivement, furent surprises, cernées et désarmées en quelques instants. Pour ne pas faire de prisonniers qui l'auraient embarrassé, Édouard III ordonna de massacrer tous les gentilshommes. On vit alors un spectacle horrible : les soldats du roi d'Angleterre, transformés en bourreaux, arrachaient le casque de la tête de ces braves chevaliers et leur fendaient le crâne d'un coup de hache. Ainsi périrent le duc de Lorraine, l'archevêque de Rouen, le grand-prieur de France et quantité d'autres gentilshommes ; quant aux simples soldats et aux valets d'armée, on se contentait, après les avoir désarmés, de les chasser à coups de bâton hors de l'enceinte du camp ; ils ne devaient donc la vie, comme le mulet de la fable, qu'à leur peu d'importance, tandis que leurs chefs périssaient à cause de leur dignité même. Cette horrible cruauté d'Édouard III pèsera éternellement sur sa mémoire, et c'est en vain que ses plus chauds panégyristes ont cherché à le disculper d'un crime qui flétrit en partie les lauriers cueillis par lui à Crécy.

LE LOUP ET LE CHIEN.

(Livre I. — Fable 5.)

*Attaché! dit le loup : vous ne courez donc pas
Où vous voulez ? — Pas toujours : mais qu'importe ?
— Il importe si bien, que de tous vos repas
    Je ne veux en aucune sorte,
Et ne voudrais pas même à ce prix un trésor.*

LE COLON PORTUGAIS ET LE SAUVAGE BRÉSILIEN
(1532-1534).

Martim Affonso de Souza reçut de D. Jean III, roi de Portugal, le titre de capitaine général, et partit avec une petite escadre, en 1532, pour aller au Brésil, où il fonda la première colonie portugaise. Il choisit à cet effet l'île appelée *Orpion* par la tribu des Guayanazes et à laquelle on donna depuis le nom de Saint-Vincent. Le commandant amenait avec lui une grande quantité de colons, qui avaient formé le projet de se créer une nouvelle patrie dans ce pays lointain : il en laissa un certain nombre à Saint-Vincent, leur distribua des vivres, des instruments pour l'agriculture, des outils, et des semences pour pouvoir s'établir, construire des habitations et transplanter sur ce sol fertile les productions européennes. Martim Affonso remit alors à la voile pour exploiter le littoral et y fonder d'autres colonies dans les endroits les plus favorables, après avoir confié le commandement de Saint-Vincent à un homme intelligent nommé Luiz Pacheco.

La colonie prospéra rapidement ; la bonté, la douceur du climat, la prodigieuse fertilité du sol, tout secondait l'établissement des Portugais ; ils cherchaient par tous les moyens à attirer les Guayanazes et à les décider à quitter leurs forêts pour adopter la religion chrétienne et la vie de la civilisation. Luiz Pacheco avait, à force de prévenances et de petits présents, gagné la confiance d'un des principaux chefs ou *morubixabas* des sauvages. Suivi de quelques-uns des siens, ce dernier s'était déterminé à venir à Saint-Vincent pour juger par ses yeux de l'agrément que pourrait offrir à lui et à ses compagnons, la vie civilisée.

Le commandant portugais parcourait donc avec le chef guayanaz toute l'étendue de la petite bourgade, lui montrant l'avantage d'avoir une maison en briques au lieu d'une misérable hutte ; toutes sortes d'outils de grande utilité : un jardin où il pouvait quand il voulait cueillir des légumes.

Le sauvage souriait, puis demandait s'il aurait

aussi une plume rouge comme celle qui ornait la toque de l'européen. — Certainement, lui dit Pacheco et de plus un pourpoint et un haut-de-chausses comme ceux-ci. »

L'idée d'être emprisonné dans ce vêtement charmait peu le sauvage; cependant, remarquant les boutons de cuivre luisants, il dit qu'il voulait avoir un habit semblable; il regarda tout le costume depuis les chaussures jusqu'au chapeau, touchant chaque objet et poussant de temps en temps des cris admiratifs.

Tout d'un coup le *morubixaba* remarque un anneau qui brille au doigt du colon; il lui saisit la main, rit aux éclats, et voit que cette main est toute calleuse dans l'intérieur, ce qui paraît le surprendre beaucoup : il regarde les siennes, les montre à Pacheco et lui demande pourquoi il a les mains en cet état. Cela provient du travail, répond le Portugais. — Quel travail ? — Pour faire pousser tous ces beaux légumes, pour construire ces maisons, il faut travailler, et j'ai surtout beaucoup fatigué en enfonçant en terre avec mes camarades les palissades qui entourent la colonie pour empêcher d'en sortir sans ma permission. — Comment, réplique le guayanaz, on ne peut courir où l'on veut?... — Non... mais qu'importe? puisqu'on trouve sous sa main légumes, fruits, volaille en abondance, à quoi bon errer dans la forêt? Le chef sauvage n'était pas assez instruit dans la langue portugaise pour répondre à Luiz Pacheco, comme le loup de la fable : « il importe si bien... que de tous vos repas je ne veux en aucune sorte; » mais comprenant qu'il lui faudrait abandonner sa liberté, il quitta brusquement l'européen, appela ses compagnons et s'enfuit en toute hâte dans les forêts.

LA GÉNISSE, LA CHÈVRE ET LA BREBIS EN SOCIÉTÉ AVEC LE LION.

(Livre I. — Fable 6.)

Elle doit être à moi, dit-il, et la raison,
C'est que je m'appelle Lion :
A cela l'on n'a rien à dire.

LE PARTAGE DE LA POLOGNE (1772).

La Pologne était continuellement le théâtre de troubles intérieurs depuis que le comte Poniatowski y avait été placé comme roi par l'impératrice Catherine II. Les enfants de cette malheureuse nation se déchiraient entre eux et hâtaient l'agonie de leur mère-patrie.

Frédéric le Grand, roi de Prusse, jugea alors le moment favorable à ses projets, et, d'accord avec la Russie, il représenta à l'Autriche qu'il était de leur intérêt commun de s'unir pour anéantir la nationalité polonaise. Un traité fut signé, le 5 août 1772, entre les trois grandes nations, et le démembrement de la Pologne eut lieu sans qu'aucune autre puissance n'y mit obstacle. L'Autriche et la Russie en prirent chacune un bon morceau, mais la Prusse garda le meilleur ; car le territoire qu'elle s'annexa n'avait pas moins de 1,060 milles carrés, une population de 1,500,000 habitants, 262 villes, 8,274 villages, puis l'énorme avantage de posséder les bouches de la Vistule. Ce qui resta de la Pologne ne fût plus qu'un fantôme, que les trois géants du Nord promirent de respecter en renonçant à toutes nouvelles prétentions sur son territoire. Dieu sait comme plus tard, cet engagement fut tenu !...

La Russie et l'Autriche s'apperçurent bien que la Prusse avait fait le partage du lion de la fable, mais l'une était en guerre avec la Turquie, et l'autre ne se sentait pas de force à lutter avec Frédéric II.

Le vainqueur de Prague, de Lissa, de Rosbach, aussi grand par son génie que par ses victoires, mais que l'ambition dévorait, leur eut donné pour toute raison : « C'est que je m'appelle lion : à cela l'on n'a rien à dire. »

LA BESACE.

(Livre I. — Fable 7.)

Lynx envers nos pareils, et taupes envers nous,
Nous nous pardonnons tout, et rien aux autres hommes;
On se voit d'un autre œil qu'on ne voit son prochain.

HENRI VIII ET SES CRIMES (1509-1547).

Parmi les exemples de cet aveuglement qui rend les hommes, comme dit La Fontaine, « Lynx envers leurs pareils et taupes envers eux » en est-il un plus frappant que celui du roi d'Angleterre Henri VIII, qui, souillé de tous les crimes, eut l'audace de se poser en théologien et en chef de religion réformée? Soulevons un instant ces pages sanglantes pour connaître jusqu'où peut aller l'amour-propre et la vanité de l'homme, quand Dieu se retire de son cœur et l'abandonne à ses passions.

Roi à dix-huit ans d'un des plus puissants royaumes de l'Europe, Henri ne manquait ni de bravoure dans les combats, ni de talent pour l'administration : il vainquit les Écossais et fit avec avantage la guerre à François Ier. Il avait épousé, dès son adolescence, Catherine d'Aragon, princesse aussi bonne que vertueuse, dont il avait eu cinq enfants : depuis longtemps le prince dégoûté de sa compagne, se livrait au plus grand libertinage, quand la vue d'Anna Boleyn l'enflamma d'un tel amour qu'il ne songea rien moins, pour pouvoir l'épouser, qu'à répudier sa femme légitime.

Henri VIII prétextant de vains scrupules sur l'union qu'avait d'abord contractée Catherine avec le prince de Galles, son frère aîné, proposa au pape Clément VII de vouloir rompre son mariage, en alléguant que des passages de l'Écriture défendaient absolument d'épouser la veuve de son frère, et que cette union était incestueuse et coupable. Comme le pape refusa de se prêter aux désirs criminels du roi d'Angleterre, ce monarque méprisa la bulle et l'excommunion, et après avoir honteusement divorcé avec sa femme légitime, il épousa Anna Boleyn, s'affranchit lui et ses sujets de la suprématie du Saint-Siége, et se déclara lui-même le chef de cette secte schismatique. Il fit jeter en prison, où bientôt il mourut, le cardinal Wolsey, jadis son conseiller et son favori, sur le seul motif qu'il s'était opposé à ses projets d'union avec Anna Boleyn ; il fit aussi décapiter le vertueux Thomas Morus pour la même cause.

Bientôt lassé de cette union pour laquelle il avait déjà commis tant de crimes, le Néron anglais, sous un vain prétexte de jalousie, ordonna de faire le procès à Anna Boleyn, et lui fit trancher la tête. La vérité est qu'il voulait se défaire d'Anna pour s'unir à Jeanne Seymour, qu'il aimait déjà : il eut l'impudence de la conduire à l'autel le lendemain de cette sanglante exécution.

La nouvelle reine ne jouit pas longtemps de sa fortune ; elle mourut deux jours après avoir doté l'Angleterre d'un héritier. Henri VIII montra peu de douleur, et pour se distraire se jeta dans des disputes théologiques où il débattait et discutait les plus hautes questions religieuses, réformant, disait-il, les abus, ce qui lui fit ordonner la destruction de toutes les reliques et images de saints. On fit le procès aux mânes de saint Thomas de Cantorbéry dont les restes furent brûlés par la main du bourreau et les cendres jetées au vent. Une quantité de bûchers se dressèrent et les victimes y périrent en foule.

A la lueur de ces bûchers, dignes feux de joie d'un pareil tigre, Henri se remaria pour la quatrième fois à Anne de Clèves, dont on lui avait envoyé un portrait admirable par sa beauté : quand le prince la vit, il la trouva laide et mal faite, la traita avec le dernier mépris, et dès le lendemain chercha à casser son mariage, ce à quoi il parvint huit mois après, tant le parlement et les juges rampaient devant ce tyran !

Ayant divorcé avec Anne de Clèves, le roi épousa Catherine Howard, aussi belle que gracieuse. Bientôt il fut prouvé que la conduite de cette jeune femme, avant son mariage, n'avait pas été régulière, et le monarque furieux lui fit trancher la tête ainsi qu'à la plupart de ses parents.

Cependant le tyran vieillissait, avait de nombreuses infirmités, suites inévitables de ses excès de table et de son ivrognerie : sa corpulence était telle qu'il se faisait traîner dans ses appartements au moyen d'une machine : il songea néanmoins à un sixième mariage, et épousa bientôt la veuve Catherine Parr, qu'il aurait fait exécuter également à la suite d'une discussion religieuse, si cette dernière n'avait eu la prudence de se rétracter et de se rendre aux arguments du roi théologien.

Enfin ce monstre couronné mourut dans la plus affreuse agonie, délivrant ainsi la terre de son odieuse présence. Ce qui étonne, en lisant l'histoire de son règne, c'est la servilité, la lâcheté même des ministres et des courtisans, qui applaudissaient pour ainsi dire à tant de forfaits, tant la crainte a de pouvoir sur les âmes vulgaires ! Ils savaient que sur le moindre soupçon Henri VIII faisait mettre à la torture, exécuter ou brûler les innocents, tout en s'appuyant sans cesse sur les versets de l'Écriture sainte, les Évangiles et les Pères de l'Église. Ce roi avait la plus haute idée de ses capacités théologiques; il se disait: « l'image de Dieu sur la terre; lui désobéir, c'était désobéir à Dieu même; limiter son autorité ou la mettre en doute, c'était offenser le Seigneur; douter de son infaillibilité, c'était enfin une impiété digne de mort. » Que cet exemple justifie bien la parole du sage: « On se voit d'un autre œil qu'on ne voit son prochain! »

L'HIRONDELLE ET LES PETITS OISEAUX.

(Livre I. — Fable 8.)

Nous n'écoutons d'instincts que ceux qui sont les nôtres,
Et ne croyons le mal que quand il est venu.

L'AMIRAL BONNIVET A LA BATAILLE DE PAVIE
(1525).

Le roi François Ier assiégeait Pavie, qu'Antoine de Leyva défendait depuis quatre mois. Le connétable de Bourbon arrivait à marches forcées, à la tête d'une formidable armée, dans le dessein de secourir la place. Les troupes françaises étant bien inférieures en nombre, le roi tint un grand conseil pour décider s'il fallait risquer une bataille décisive.

L'avis de tous les vieux capitaines, comme Saint-Séverin, Louis d'Ars, le maréchal de Chabannes, la Trémouille, et même celui du jeune maréchal de Foix, fut qu'il était prudent d'éviter le combat et de lever le siége : ils insistaient avec raison sur ce point, sachant que l'armée impériale était forcée de combattre de suite, parce qu'elle se composait de soldats mercenaires que la pénurie des finances de l'État ne permettait pas de solder longtemps exactement.

Malgré l'opinion unanime du conseil, François Ier désirait combattre ; il croyait son honneur compromis, s'il se retirait devant l'ennemi. L'amiral Bonnivet prit alors la parole, et, plus courtisan que général habile, il dit qu'une victoire dégagerait la place et couvrirait le roi de gloire. A cet imprudent avis, le maréchal de Chabannes répliqua, en démontrant la difficulté de la position et le peu de chances de succès ; mais le jeune amiral l'interrompit en lui disant : « Vous parlez plus selon votre âge que selon votre cœur, mais le roi a plus de foi en votre valeur qu'il n'a besoin de votre prudence. » Cet avis prévalut, et l'on se résolut à attendre l'ennemi.

Comme l'armée française cernait Pavie, il fallait, pour porter secours à la ville, forcer les murailles du parc de Mirbel, qui était compris dans la circonvalation, et où toute l'artillerie et l'arrière-garde étaient retranchées. L'avant-garde, commandée par le maréchal de Chabannes, et le corps de bataille sous la conduite du roi lui-même, occupaient la partie voisine du parc qui dominait toute la campagne.

Dans la nuit du 23 au 24 février 1525, les impériaux simulèrent une attaque pour occuper les Français d'un côté, puis s'avancèrent en silence vers le parc de Mirbel, dont il sapèrent les murailles : au point du jour ils entrèrent en foule par la brèche, en se dirigeant les uns vers le camp ennemi, les autres vers la ville. En cette occasion, Galiot de Genouillac dirigea l'artillerie avec tant de précision que les impériaux restèrent indécis, puis bientôt furent dans le plus grand désordre. Ce corps de troupes séparé du gros de l'armée, aurait été totalement anéanti par notre canon, si malheureusement François Ier, n'écoutant que son ardeur, n'eût eu l'imprudence de se jeter sur les fuyards et de sortir du parc avec toute sa gendarmerie, masquant ainsi nos propres batteries en empêchant l'effet. Les Espagnols, les Allemands et les Italiens, commandés par Pescaire, le connétable de Bourbon et Lannoy s'avancèrent contre François Ier, tandis qu'Antonio de Leyva faisait par derrière une sortie vigoureuse. Chabannes et le duc d'Alençon voyant la bataille engagée en rase campagne, abandonnèrent leurs positions et coururent dans la plaine pour former l'un l'aile droite et l'autre l'aile gauche de l'armée française. Le combat devint général ; il fut terrible, et chaque antagoniste y déploya une grande valeur.

Déjà les *bandes noires*, soldats étrangers à la solde de la France étaient totalement détruites par les lansquenets de Bourbon qui, portant alors leurs efforts sur l'aile droite, l'enfoncèrent également, malgré les prodiges de valeur du maréchal de Chabannes, qui fut tué dans l'action. Au corps de bataille, François Ier abattait tout ce qui était devant lui ; les Italiens avaient fui sous les coups des valeureux hommes d'armes qui l'accompagnaient, mais les Espagnols soutenaient le choc. Ils se servirent en cette occation de 1,500 arquebusiers basques d'une agilité extrême, et qui étaient depuis longtemps dressés à ce genre de combat : ces fantassins s'approchaient des rangs serrés de la gendarmerie française toute bardée de fer, faisaient une décharge, s'enfuyaient s'abriter derrière les cavaliers qui étaient aux mains avec les Français, puis retournaient décharger leur arquebuse. Le roi croyant éviter le ravage que ces Basques causaient parmi ses hommes d'armes, dont les rangs étaient serrés, leur ordonna de les élargir pour que la mousqueterie eût sur eux moins de portée. Le mal fut encore plus grand : les arquebusiers se mêlaient parmi les cavaliers, déchargeaient leur arme à bout portant, et cette gendarmerie, jusqu'alors invincible, fut détruite par cette troupe irrégulière mais insaisissable, dont la force consistait dans la fuite. La Trémouille, Saint-Séverin, Louis d'Ars, les comtes de Tournon et de Tonnerre, furent tués avec quantité d'autres vaillants chevaliers.

Le duc d'Alençon, beau-frère du roi, au lieu de

venir au secours du corps de bataille avec l'aile gauche tout entière, s'épouvanta et fit sonner la retraite. Au milieu de la confusion générale, on vit alors un magnanime exemple de dévouement. La Roche du Maine après avoir apostrophé le duc d'Alençon sur sa lâcheté, courut, suivi de Fleurange, du baron de Trans et de tout ce qui aimait l'honneur et la patrie, pour faire à François Ier un rempart de leur corps. Cette troupe chevaleresque renversait tout devant elle, ralliait sur son passage les débris de la gendarmerie et des Suisses, et quand elle parvint près du roi, la mêlée devint si forte que les arquebusiers basques durent cesser leur feu. On combattait corps à corps; ce n'était plus de la bravoure, c'était de la rage : là périrent Chaumont, Hector de Bourbon, le comte de Lambesc et bien d'autres preux ; le comte de Foix et le bâtard de Savoie, oncle du roi, y furent mortellement blessés. Pour réduire cette troupe de héros, il ne fallut pas moins que la réunion de tous les corps d'armée impériaux, qui accouraient en foule sur le théâtre du combat.

François Ier luttait encore, et une barrière effroyable de cadavres était autour de lui : cinq ou six Espagnols venaient de tomber sous les coups de sa redoutable épée, quand son cheval, percé d'une balle l'entraînant dans sa chute, se renversa en partie sur lui. Les impériaux s'avançaient pour le saisir, mais le roi, quoique blessé en deux endroits à la jambe, presque écrasé par la chute de son cheval, le front ouvert par une large blessure dont le sang l'aveuglait, se remit sur pieds et tua encore deux de ses ennemis. On lui criait en vain de se rendre : le héros malheureux appelait la mort. Pompérant, gentilhomme du duc de Bourbon, lui proposa de remettre son épée à son maître ; François Ier répondit qu'il préférait mourir que de se rendre à un traître ; il demanda le vice-roi. Lannoy accourut, reçut à genoux l'épée du prince, lui baisa la main et lui remit immédiatement une autre épée.

Pendant cette catastrophe, l'imprudent Bonnivet, qui s'était battu comme un lion, et qui, dans la mêlée, s'était trouvé séparé du roi par le choc d'une troupe de lansquenets, voyait les déplorables effets de son conseil, et s'épuisait en tentatives inutiles pour rallier les fuyards et surtout pour arracher son prince au péril qui le menaçait. Vains efforts !... on ne voyait plus dans la plaine que des fuyards, des cadavres et des tronçons d'armes. Un horrible désespoir s'empara de l'amiral : « Non, dit-il, je ne veux pas survivre à un pareil désastre ! » et se précipitant comme un fou sur une troupe allemande, il se fit massacrer, quoique le connétable de Bourbon eût bien recommandé à ses soldats de le prendre vivant, car c'était son ennemi particulier, et il aurait voulu le faire souffrir. Il vint à passer quelques instants après que le malheureux amiral venait d'être égorgé, il vit ses restes sanglants et prononça ces mots : « Ah! misérable, tu es cause de la perte de la France et de la mienne! »

Bonnivet fut ainsi l'auteur de sa propre ruine, de celle de l'armée et de la captivité du roi François Ier, pour ne pas avoir écouté les conseils que lui dictait la prudence de chefs plus expérimentés.

LE RAT DE VILLE ET LE RAT DES CHAMPS.

(Livre I. — Fable 9.)

. . . . *Fi du plaisir*
Que la crainte peut corrompre !

HENRI IV ET LE CULTIVATEUR DE MEUDON (1609).

Un certain jour de septembre 1609, le roi Henri IV chassait dans les bois de Meudon. Suivi d'une brillante suite, il poursuivait un cerf à la haute ramure. La nuit venait et les chasseurs ne voyaient même pas l'amoncellement des nuages précurseurs d'un orage prochain. Il semblait que le prince n'eut que vingt ans, tant il dépassait en fougue et en audace, les seigneurs qui l'accompagnaient. Tout à coup la pluie tombe à torrents ; chacun cherche un abri où il peut... Le roi galope au hasard, jette alors ses regards autour de lui et voit qu'entraîné par son ardeur, il se trouve isolé ; il appelle ses compagnons, mais en vain ; l'orage empêche de l'entendre, il se réfugie sous un gros chêne : bientôt la pluie qui redouble et la nuit totalement venue, le décident à s'enfoncer dans un petit sentier au bout duquel il lui semble voir une lumière.

En se dirigeant de ce côté, Henri IV aperçoit une maison de campagne de très-modeste apparence, et frappe à la porte en demandant l'hospitalité. Un bon cultivateur accourt, l'accueille avec bienveillance, l'invitant à prendre part au repas de famille que l'active ménagère, entourée de nombreux enfants, achève de préparer. Voyant que le voyageur est trempé des pieds à la tête, son hôte lui offre de changer de vêtements pendant que les siens sécheront près du feu. Henri accepte sans façon, mais tandis qu'il retire son manteau, le cultivateur reconnaît le roi moins à quelques insignes qu'à sa figure si remarquable, si chère à ses sujets : il se prosterne, ordonne à ses enfants de faire comme lui : puis, honteux des habits grossiers que le prince endosse, et surtout du repas rustique qu'il prépare pour un roi, il balbutie, s'excuse sur sa pauvreté et veut égorger toute sa basse-cour pour fêter la venue d'un hôte si illustre. Le Béarnais s'y oppose absolument ; d'un air d'autorité, il dit au bon vieillard qu'il veut se contenter du repas de famille, et qu'il entend même que rien n'y soit changé : il ajoute qu'il a grand faim et que dans la vie des camps, il n'a pas été habitué au luxe de la table.

Le vainqueur d'Ivry assis auprès du bon fermier de Meudon, mangea de grand appétit une soupe aux choux avec un morceau de lard : il fut gai avec ses hôtes, s'informa familièrement de leurs travaux, de leurs espérances, de l'âge de leurs enfants ; il promit même à l'un des fils, qui voulait se faire soldat, de ne pas l'oublier ; enfin le repas terminé, chacun gagna son lit, et Henri, fatigué de la journée, se jeta sur une couche rustique et s'y endormit bientôt profondément.

Le lendemain, dès le lever du soleil, le roi était debout en même temps que les cultivateurs. Bientôt après, plusieurs piqueurs qui battaient la forêt à sa recherche, annonçaient aux seigneurs de sa suite qui étaient plongés en de grandes inquiétudes à son sujet, que le roi était retrouvé. Ils accourent tous en hâte : à la vue de cette modeste habitation, ils expriment la crainte que le roi de France et de Navarre n'y ait pas trouvé une hospitalité digne de lui : « Rassurez-vous, dit le bon prince, je n'ai jamais mieux reposé, ni dormi plus tranquillement. » En effet, l'hospitalité de ces braves gens avait rappelé au roi sa jeunesse laborieuse, les mœurs simples de son pays natal : au milieu d'eux, il n'avait point à craindre les tentatives coupables de ses nombreux ennemis qui le haïssaient d'autant plus, que par ses vertus il se faisait chaque jour chérir davantage de son peuple. Près du cultivateur de Meudon, le bon Henri n'avait autour de lui que des sujets fidèles, des cœurs dévoués et, souvent au Louvre même, parmi ses courtisans n'avait-il pas bien des seigneurs « pétris du vieux levain de la ligue » et qui ne demandaient en secret que sa perte? Au milieu de toute la pompe qui l'environnait, Henri IV eût bien pu dire : « Fi du plaisir que la crainte peut corrompre! »

LE LOUP ET L'AGNEAU.

(Livre I. — Fable 10.)

La raison du plus fort est toujours la meilleure.

DESTRUCTION DE CARTHAGE PAR LES ROMAINS
(l'an 147 avant J.-C.).

Vaincue par Rome dans la deuxième guerre punique, Carthage avait été tellement abaissée, que soixante-dix ans après elle se relevait à peine de ses désastres : cependant l'industrie de ses habitants, leur courage même dans les revers, inspiraient aux Romains une crainte continuelle qu'entretenait encore la constante admonestation de Caton le Censeur : « *Delenda est Carthago.* » (Il faut détruire Carthage.)

Rome résolut enfin la ruine totale de son ancienne rivale, et signifia aux habitants de Carthage de livrer leurs armes, de brûler leurs vaisseaux ; puis, après ce sacrifice, elle exigea qu'ils abandonnassent leur ville. A cette ordre injuste, les

Carthaginois qui avaient consenti à tout, pour ne pas lutter de nouveau avec leurs redoutables vainqueurs, sont saisis d'un morne désespoir qui se tourne bientôt en fureur. Jour et nuit ils fabriquent des armes; faute de fer, ils convertissent l'or et l'argent en instruments meurtriers; ils font des voiles avec des étoffes précieuses, des cordages avec les cheveux de leurs femmes et de leurs filles, et tous, à l'unanimité, jurent de vaincre ou de s'ensevelir sous les ruines de leur patrie. Carthage était devenue plus redoutable que jamais.

Rien ne touche la cruauté de la politique romaine : la reine de l'Afrique doit disparaître du monde... Rome envoie Scipion Émilien avec une puissante armée, dont ce général ne prend le commandement qu'avec une répugnance marquée. Après bien des combats, il s'empare d'une portion de la ville ; il occupe même le port : les Carthaginois, par des efforts prodigieux, en creusent un autre plus loin et y transportent leurs vaisseaux : vaine résistance ! Malgré le bon droit de leur cause, les assiégés, après quatre ans de lutte, sont vaincus complétement et leur ville livrée aux flammes; car le sénat romain aurait voulu faire disparaître jusqu'au nom de son ancienne rivale.

On dit que le généreux Scipion Émilien pleura sur les ruines de Carthage ; l'orgueil de la victoire ne l'aveuglait pas au point de ne pas comprendre combien sa patrie était injuste, et quoique pour le vulgaire « la raison du plus fort soit toujours la meilleure » la postérité impartiale a jugé la défaite des Carthaginois plus glorieuse pour eux qu'une telle victoire ne l'a été pour les Romains.

LES VOLEURS ET L'ANE.

(Livre I. — Fable 13.)

L'âne, c'est quelquefois une pauvre province :
  Les voleurs sont tel ou tel prince,
Comme le Transilvain, le Turc et le Hongrois.
. . . .
De nul d'eux n'est souvent la province conquise :
Un quart voleur survient, qui les accorde net
  En se saisissant du baudet.

LE FLIBUSTIER MONTBARS ET LES ESPAGNOLS
(1667-1677).

La conduite odieuse des Espagnols dans le Nouveau monde, les cruautés qu'ils exerçaient sur les Indiens, soulevèrent contre eux la haine des autres nations européennes, et vers le milieu du dix-septième siècle, sous le nom de *Flibustiers*, un nombre considérable d'aventuriers de tous les pays, mais où les Français dominaient, firent à titre de représailles, une guerre acharnée aux oppresseurs de l'Amérique. L'histoire de ces hardis corsaires nous offre de fréquents exemples d'héroïsme, parmi lesquels nous citerons le trait suivant.

Il faut placer au nombre des flibustiers remarquables Montbars et son neveu : ce dernier est plus célèbre encore que son oncle.

Le capitaine Montbars, réunissant ses troupes à celles des Indiens, venait de remporter à Saint-Domingue une grande victoire sur les Espagnols quand, se rembarquant soudain, il s'empara de plusieurs navires ennemis qui erraient sur les côtes, et pour récompenser la belle conduite de son neveu, il le fit commandant d'un de ces bâtiments.

A quelques jours de là, le navire de l'oncle Montbars fut attaqué par quatre vaisseaux espagnols qui le cernèrent lui et sa prise ; malgré des prodiges de valeur, ils l'accablèrent de leur nombre. Le héros flibustier voyant que son navire allait couler, prend une résolution terrible : il laisse approcher ses adversaires, dirige si adroitement ses boulets que deux de ses ennemis s'abîment les premiers et entraînent avec eux le navire français qu'ils avaient accroché : ainsi périt glorieusement le capitaine Montbars et son équipage.

Montbars le Jeune, revenant d'une croisière et qui accourait en toute hâte pour secourir son oncle, est témoin de sa perte. Animé par la fureur, le désir de la vengeance, il fond sur les deux vaisseaux triomphants, coule à fond l'un et s'empare de l'autre ainsi que de la prise, cause première de ce combat homérique.

Le reste de la vie de Montbars fut digne de ce début; nommé principal chef des Flibustiers, il devint la terreur des Espagnols, et ses nombreux exploits lui méritèrent le nom d'*Exterminateur*, qui lui fut décerné par les peuplades indiennes.

SIMONIDE PRÉSERVÉ PAR LES DIEUX.

(Livre I. — Fable 14.)

On ne peut trop louer trois sortes de personnes:
Les dieux, sa maîtresse, et son roi.
Malherbe le disait. . . . .

MORT DE JACQUELIN DE MAILLÉ. — DÉSINTÉRESSEMENT DU DUC D'ÉPERNON. — L'HONNEUR DES DAMES DÉFENDU PAR DOUZE CHEVALIERS PORTUGAIS (1395).

« Dieu, mon Roi et ma Dame » telle était la devise de tout chevalier au moyen âge. La chevalerie, dont l'origine date du dixième siècle, prit naissance au milieu du mélange des peuples septentrionaux avec les Arabes. Cette institution participa de la nature sentimentale et fidèle du Teuton et de la nature galante et exaltée du Maure, développées à l'excès par l'esprit du christianisme. L'amour de Dieu conduisait le chevalier en Terre-Sainte ; il y combattait la mort sous toutes les formes pour délivrer le tombeau du Sauveur du monde. L'amour de la patrie, qui se confondait alors avec l'amour dû au prince et ne formait pour ainsi dire qu'une seule croyance, lui imposait comme devoir : bravoure, fidélité inviolable, loyauté dans les combats même avec ses ennemis. L'amour des dames était aussi empreint d'un respect exalté, car les Germains reconnaissaient dans les femmes quelque chose de divin et jusque dans la poésie des Scandinaves, le soleil n'était autre qu'une femme : la brillante Sunna.

De cette union des trois amours qui exaltent le plus le cœur humain, naquit cette chevalerie si parfaite qui adoucit les mœurs et contribua plus qu'on ne le pense à la civilisation de l'Europe. Si parfois des crimes se commirent en son nom, ce fut par cette loi commune à notre pauvre humanité: « *Errare humanum est* »; mais jamais ce ne fut par l'esprit même de la chevalerie qui avait pour règles principales de placer Dieu au-dessus de tout et de périr au besoin pour lui comme les anciens martyrs; d'avoir pour la patrie comme pour le roi un attachement, un dévouement, à toute épreuve; de respecter les dames, les faibles et les orphelins et de prendre en tout temps leur défense.

Parmi les innombrables hauts faits inspirés par l'union de ces trois maximes chevaleresques, nous citerons les trois exemples suivants :

La cavalerie du sultan Saladin avait surpris Nazareth. Dès qu'on apprit cette nouvelle, cent trente chevaliers du Temple et trois cents hommes de pied accoururent pour sauver la ville, et quoique les Sarrazins fussent plus de sept mille, une lutte terrible mais inégale s'engagea. Dans cette journée mémorable, les chevaliers chrétiens firent des prodiges de valeur ; entourés de montagnes de cadavres, les armes rompues, couverts de sang, ils arrachaient de leur corps les flèches que leur lançaient les ennemis et les leur renvoyaient. Tous périrent, sauf deux chevaliers qui rentrèrent à Jérusalem. Cependant Jacquelin de Maillé, maréchal du Temple combattait encore... seul, debout au milieu des morts, il luttait contre les Sarrazins et quoique criblé de blessures, il abattait tous ceux qui l'approchaient. Les barbares l'accablèrent de loin, d'une nuée de flèches, et il mourut en priant et prononçant le nom de Dieu. On dit que les Sarrazins, frappés d'admiration pour tant de valeur, dirent que c'était saint Georges en personne qui combattait pour les chrétiens. Ils entourèrent avec respect le cadavre de Jacquelin de Maillé, et se partagèrent ses vêtements couverts de sang et les débris de son armure comme autant d'objets sacrés. Exemple remarquable du pouvoir qu'exerce la vertu même sur les barbares !

Nos ancêtres se firent une telle habitude du dévouement au roi et à la patrie, ce dévouement inspira tant de hauts faits guerriers dans notre histoire, que nous leur préférons un exemple d'un autre genre, moins brillant peut-être, mais tout aussi remarquable.

Sous le règne de Louis XIII les frais de la guerre avaient tellement épuisé le trésor, qu'on rejeta sur le peuple une imposition ajoutée à la taille pour payer les appointements des gouverneurs et des officiers employés dans les provinces. Le duc d'Épernon dit alors : « Il y a plus de soixante ans que je sers mon roi sans avoir touché, d'ailleurs que de son épargne, les appointements dont il m'a jugé digne ; puisque la situation des finances ne permet plus de me payer, je ne commencerai pas à la fin de mes jours à vivre aux dépens d'un peuple que je vois périr de faim et de misère. » Il vécut depuis ce temps-là des minces revenus de ses terres et ne toucha plus rien de ses appointements.

Vers 1395, des chevaliers anglais répandirent dans toute la ville de Londres une violente satyre contre les dames de la cour, dont ils attaquaient soit la naissance, la beauté, l'esprit ou la vertu. Cet acte, si contraire aux lois de la chevalerie, fut accompagné d'un défi des plus insolents porté à tous ceux qui oseraient démentir ce discours. Aucun chevalier ne se présenta pour soutenir l'honneur des dames ; mais quand la nouvelle en parvint en Portugal, où régnait Jean Ier, surnommé le Grand, douze chevaliers s'embarquèrent immédiatement pour l'Angleterre et se proclamèrent les champions de la vertu opprimée. Le combat eut lieu en champ clos à la lance et à l'épée, et toute la cour y assista. Les généreux Portugais firent mordre la poussière à leurs adversaires, furent tous vainqueurs et reçurent pour prix de leur victoire des couronnes de fleurs, des écharpes et des armes ornées des couleurs des belles dames anglaises dont ils s'étaient déclarés chevaliers.

LA MORT ET LE MALHEUREUX.

(Livre I. — Fable 15)

> .... *Qu'on me rende impotent,*
> *Cul-de-jatte, goutteux, manchot, pourvu qu'en somme*
> *Je vive, c'est assez, je suis plus que content.*
> *Ne viens jamais, ô Mort ! on l'en dit tout autant.*

MORT HÉROÏQUE DE BISSON (1827).

L'amour de la vie est naturel à toute créature et la seule pensée de la mort cause l'effroi de notre faible humanité. Le bon La Fontaine, dans les vers qui précèdent, exalte bien haut cet attachement à la vie; car il semble avoir pris pour niveau le commun des humains dans un sens trop prosaïque; l'histoire, tant ancienne que moderne, ne lui présentait-elle pas des hommes qui préférèrent la mort à la honte ou à l'esclavage ? Ces hommes, presque tous loin d'être impotents, étaient en pleine santé, parfois très-jeunes encore, mais par amour du devoir, de l'honneur ou de la patrie, ils avaient fait le sacrifice de leur existence, persuadés comme ils l'étaient de la nécessité de l'abnégation. Lorsque le guerrier ou le citoyen n'a pas ce sentiment enraciné dans le cœur, il peut rester au-dessous de sa mission et faiblir dans le danger.

Comme l'a dit Silvio Pellico, l'un des plus grands moralistes des temps modernes, dans ce passage qui a quelque chose de la sublimité de Corneille : « Le bon patriote, l'homme vertueux, ne cesse d'être un agneau que lorsque la patrie en danger a besoin d'être défendue. Alors, il devient un lion: *il combat et triomphe ou meurt.* »

Pendant la guerre qui eut lieu en 1827 entre les Grecs et les Turcs, un nombre considérable de pirates infestait les mers voisines du théâtre de la guerre. La corvette française la *Lamproie*, chargée de faire respecter notre marine marchande dans la Méditerranée, s'était emparé d'un brick pirate grec nommé le *Panayoti*, et avait pris à son bord tout l'équipage fait prisonnier. On confia alors la direction de la prise à l'enseigne de vaisseau Bisson et à quinze marins français, auxquels on ajouta pour servir à la manœuvre, six des grecs qui avaient été pris sur le navire capturé. Les deux bâtiments qui naviguaient de concert en direction de Smyrne, furent séparés par un gros temps. Le *Panayoti*, que le mauvais état de son gréement rendait peu propre à tenir la mer, dût jeter l'ancre à peu de distance de Stampalie. Deux des pirates qui étaient à bord se jetèrent alors dans les flots, et malgré la grosseur des lames, atteignirent la terre qu'on avait en vue.

La désertion de ces deux matelots éveilla quelque inquiétude dans l'âme de Bisson : il craignit qu'ils n'eussent gagné le rivage dans le seul but de soulever leurs compatriotes et de les engager à tenter un coup de main contre son bâtiment : il ordonna de préparer toutes les armes et de s'apprêter à se défendre.

La nuit était venue : le capitaine, après avoir pris ses dispositions avec M. Trémintin, son second, lui avait fait promettre que s'il venait à lui survivre dans l'action, et que les Grecs s'emparassent du navire, il ferait sauter le *Panayoti;* puis, accablé de fatigue, il s'était jeté sur son banc de quart.

Vers dix heures du soir, par un temps très-obscur, la vigie distingua deux *mistiks* chargés chacun de soixante à soixante-dix hommes, qui s'approchaient en silence du bâtiment. Les craintes de Bisson étaient bien fondées, et les deux grecs échappés avaient préparé cette expédition.

A leur approche, chaque français courut à son poste de combat; le capitaine monta sur le beaupré, et après avoir hélé les Grecs sans obtenir de réponse, comme ils continuaient à approcher, il donna ordre à son équipage de faire feu de toute la mousqueterie qui était à bord, et lui-même donna l'exemple.

Les pirates commencèrent une vive fusillade ; une des embarcations accosta le bâtiment par l'avant, l'autre par le babord; plusieurs marins français furent tués, les autres secondèrent vaillamment la résistance acharnée du capitaine et du pilote, mais ils finirent par être accablés par le nombre. Plus de quatre-vingts Grecs s'élancèrent sur le pont, et voyant la faiblesse numérique des Français, descendirent dans la cale pour commencer de suite un pillage qu'ils avaient pour but, bien plus qu'une représaille, en attaquant le *Panayoti*.

Bisson, qui perdait son sang par une blessure, se dégagea des pirates qui l'entouraient et dit à Trémintin, avec le sang-froid du désespoir : « Ces brigands sont maîtres du navire, la cale et le pont en sont remplis ; voilà le moment de terminer l'affaire !... Avertissez ce qui reste de nos braves de se jeter à la mer, faites-en autant » puis serrant la main du second : « Adieu pilote, je vais tout finir, c'est le moment de nous venger ! »

Le capitaine s'affala sous le tillac de l'avant-chambre placée trois pieds au-dessous du pont, c'était la soute à poudre. Bisson avait le corps à moitié hors du tillac ; il tenait déjà une mèche allumée, et renouvelait du geste l'ordre qu'il avait donné, quand il disparut dans le panneau. Quelques secondes après, le *Panayoti* sautait avec les deux *mistiks* qui l'avaient abordé, et jonchait la mer de ses débris et des leurs.

Le brave Trémintin, lancé en l'air par l'explosion, fut trouvé étendu privé de sentiment sur le rivage, avec un pied fracassé et le corps couvert de blessures ; quatre matelots français se sauvèrent à la nage. Le lendemain les flots rejetèrent sur la plage les corps de soixante-dix grecs et de trois marins français, mais on ne retrouva pas celui de l'héroïque Bisson.

Entre le dévouement du loyal breton et celui du chevalier d'Assas, il y a cette différence que le guerrier ne pouvait se soustraire à la mort pour sauver ses camarades, tandis que le marin aurait pu s'échapper en se jetant à la mer comme il l'ordonna au reste de son équipage ; mais Bisson préféra mourir, parce qu'il crut de son devoir de ne pas abandonner à l'ennemi le bâtiment qu'on lui avait confié. En le faisant sauter, il périt au sein même d'une victoire, laissant son nom à jamais célèbre dans nos annales historiques.

LA MORT ET LE BUCHERON.

(Livre I. — Fable 16.)

Le trépas vient tout guérir ;
Mais ne bougeons d'où nous sommes :
Plutôt souffrir que mourir.
C'est la devise des hommes.

BELLES PAROLES DE GONZALVE DE CORDOUE (1503).

Ces deux derniers vers du moraliste sont l'expression exacte de la pensée du vulgaire ; mais si l'humanité n'eût jamais suivi que cette maxime, l'histoire ne serait pas remplie de traits de dévouement, d'abnégation et de patriotisme ; ces nobles hauts faits firent la gloire d'Athènes, de Rome et celle même des nations modernes. Essayons de mettre en comparaison la devise : « Plutôt souffrir que mourir », avec la belle réponse d'un héros espagnol qui fut le plus grand capitaine de son temps.

Sous le règne de Louis XII, en l'année 1503, la perte de la bataille de Cérignolle par les Français acquit aux Espagnols le royaume de Naples. Gonzalve de Cordoue se vit, après cette conquête, menacé par une armée bien plus nombreuse que la sienne ; il courait grand risque d'être enveloppé. Ses officiers effrayés lui conseillaient d'éviter le combat : « J'aime mieux, répondit le général, trouver mon tombeau en gagnant un pied de terre sur l'ennemi, que prolonger ma vie de cent ans en reculant de quelques pas. » Il combattit et remporta une victoire complète, tant il est vrai, que comme l'a dit le poëte latin : *Fortes fortuna jurat*. (La fortune favorise la bravoure.)

LE RENARD ET LA CIGOGNE.

(Livre I. — Fable 18.)

Attendez-vous à la pareille.

LES MEURTRIERS DE RAGNACAIRE (510).

Ragnacaire, roi de Cambrai, s'était attiré la haine de ses sujets par son despotisme et ses débauches. En l'année 510, Clovis, roi des Francs, quoique son parent, résolut de marcher contre lui et de s'emparer de ses états. Les armées étaient en présence et une bataille allait se livrer quand plusieurs soldats de Ragnacaire se jetèrent sur lui à l'improviste, lui lièrent les mains derrière le dos, et le conduisirent à Clovis, dont ils espéraient recevoir une bonne récompense.

Le cruel monarque ordonna de donner de l'or à ces misérables, et dit à l'infortuné prince : « Comment as-tu pu souffrir qu'ont t'ait garotté comme un vil esclave ? tu es l'opprobre de ta race, » puis d'un coup de hache il lui fendit la tête.

Cette sanglante exécution était à peine terminée, que les traîtres qui avaient livré leur prince, vinrent se plaindre à Clovis que les pièces d'or qu'il leur avait fait donner pour les corrompre étaient fausses. — « C'est encore trop payer, leur répondit-il, des scélérats comme vous qui devraient périr dans les derniers supplices pour avoir livré leur maître. » Il en fit pendre deux, les autres n'échappèrent que par la fuite. Ces misérables méritaient leur sort et justifiaient la maxime : « Attendez-vous à la pareille. »

L'ENFANT ET LE MAITRE D'ÉCOLE.

(Livre I. — Fable 19.)

Je blâme ici plus de gens qu'on ne pense.
Tout babillard, tout censeur, tout pédant,
Se peut connaître au discours que j'avance.
Chacun des trois fait un peuple fort grand :
Le Créateur en a béni l'engeance.
En toute affaire, ils ne font que songer
Au moyen d'exercer leur langue.
Eh ! mon ami, tire-moi du danger,
    Tu feras après ta harangue.

LE MARÉCHAL DE BRISSAC ET LE JEUNE SOLDAT
(1556).

En 1556, le marquis de Pescaire, général espagnol, avait levé un corps de douze cents hommes, tous vieux soldats, qu'il avait surnommés les *braves de Naples;* il les avait établis dans le bourg du Vigual, sur une montagne escarpée qui dominait presque tout le Montferrat, et après les y avoir retranchés, il était allé chercher des renforts ne doutant pas que les Français n'essayassent de les déloger d'une position aussi importante que formidable.

Le maréchal de Brissac, qui relevait à peine de maladie, résolut d'attaquer l'ennemi le plus promptement possible : il investit la montagne, établit des batteries et prépara tout pour un assaut qui devait être fait en même temps par trois corps de troupes différents. Ce que l'habile général craignait surtout, c'est que le marquis de Pescaire, revenant avec du renfort, ne le mît entre deux feux : aussi, par prudence, fit-il couper par des tranchées les seules routes par lesquelles l'ennemi pouvait arriver au secours de la place assiégée. Il achevait en hâte ces dispositions avant de donner le signal de l'attaque, quand tout à coup il entend des cris tumultueux qui partent d'une de ses divisions : il voit un soldat qui, sortant des rangs court vers l'ennemi, décharge son arquebuse, puis s'élance l'épée à la main dans les retranchements espagnols. Les camarades de ce soldat imprudent sont entraînés par son exemple et bientôt toute la division s'ébranle et fond sur l'ennemi.

Le maréchal qui était excessivement sévère pour la stricte obéissance à la discipline dans son armée, est outré de l'imprudence de ce soldat qui peut compromettre le succès de l'assaut, car cette division attaque sans ordre, sans ensemble. Brissac voudrait empêcher cette folle tentative, mais sa voix n'est même pas entendue et il est forcé, pour ne pas exposer cette division à une destruction complète, de faire avancer les deux autres. Ces troupes franchissent les escarpements, luttent d'ardeur et de courage avec leurs camarades, tandis que de leur côté les Espagnols les reçoivent de pied ferme et déchargent leurs arquebuses presque à bout portant.

La défense fut digne de l'attaque : *les braves de Naples* périrent jusqu'au dernier. Les Français étaient déjà maîtres de la montagne et s'installaient dans les positions conquises, quand Pescaire, qui arrivait avec un secours de quatre mille deux cents hommes, voyant ses gens défaits et Vigual pris, ne chercha plus qu'à se retirer et à se mettre hors de portée de l'artillerie française.

Le maréchal de Brissac, victorieux, songea à distribuer des récompenses aux soldats qui s'étaient le plus distingués dans l'action. Il donna une chaîne d'or à chacun des douze braves qui lui rapportèrent les étendards pris sur l'ennemi : il loua le courage de tous et parla avec intérêt du vaillant guerrier qui s'était précipité le premier dans les retranchements, et qu'il supposait avoir péri puisqu'il ne se présentait pas. Un officier dit que cet homme n'était pas mort, mais qu'il n'osait paraître devant son général. « Je veux le voir, répondit le maréchal, je vous charge de me l'amener. »

Le soldat parut alors : il était jeune et de haute taille. Brissac lui demanda froidement son nom et son pays. « Je suis le fils naturel du seigneur de Boissy » répondit le soldat. — Je ne puis te méconnaître pour un de mes parents du côté de ma mère, dit sévèrement le maréchal, mais fusses-tu mon fils, que je ne t'épargnerais pas, après la faute d'indiscipline que tu viens de commettre, faute qui aurait pu nous perdre tous. Malheureux ! quel exemple as-tu donné au reste de l'armée ? Prévôt, qu'on le charge de fers, qu'on le garde soigneusement ; votre tête me répond de la sienne ! »

A ces paroles, l'armée fut consternée ; on connaissait la sévérité du maréchal sur la discipline, mais on était loin de croire qu'il lui sacrifierait un brave tel que Boissy ; surtout, après que l'audace de ce dernier avait été couronnée de succès et que son exemple avait électrisé tous ses compagnons.

Les murmures furent plus grands encore quand le général ordonna d'assembler un conseil de guerre pour juger le coupable. On disait qu'il y avait cruauté de la part de Brissac d'agir de cette manière, surtout après avoir par des paroles d'intérêt apparent, engagé le jeune homme à se faire connaître, quand de son côté il hésitait à se montrer.

Plusieurs jours se passèrent ainsi : Boissy fut condamné à mort par le conseil comme ayant enfreint les lois de la discipline ; mais, par égard pour sa jeunesse et sa vaillance, les juges résolurent d'intercéder pour lui près du maréchal.

Brissac, sans expliquer ses intentions, fit entrer le coupable dans la salle du conseil et lui dit : « Malheureux Boissy, connais toute l'énormité de ta faute, et sans te faire illusion sur l'événement qui ne dépendait pas de toi, confesse qu'en méprisant mes ordres, qu'en troublant mes opérations, tu as exposé les armes du roi à recevoir un affront, et donné à tes pareils un exemple qu'il ne convenait pas de laisser impuni. Aussi les seigneurs que tu vois assemblés t'ont-ils unanimement condamné à mort. Leur devoir les y forçait, mais ils ont eu pitié de ta jeunesse, et sont devenus tes intercesseurs. Je t'accorde la vie, mais je t'avertis en même temps qu'elle n'est plus à toi ; elle m'appartient tout entière, et je ne t'en laisse la jouissance qu'en me réservant le droit de te la redemander toutes les fois que le service du roi l'exigera. Approche, et délivré des chaînes qui ont été le châtiment et l'expiation de ta faute, viens en recevoir de ma main une autre, qui sera le prix de ta valeur et le gage de ton dévouement. »

En achevant ces mots, il lui attacha autour du cou une chaîne d'or deux fois plus pesante que celles qu'il avait distribuées aux autres soldats, et lui dit d'aller trouver son écuyer qui lui délivrerait un cheval andalou, une armure complète, et un équipage pareil à celui de ses autres gardes au nombre desquels il l'admettait.

C'est ainsi que le maréchal de Brissac sut tout à la fois punir l'indiscipline et récompenser la vaillance du jeune Boissy : il n'imita pas le maître d'école que cite La Fontaine et « fit à propos sa harangue. »

LE COQ ET LA PERLE.

(Livre I. — Fable 20.)

Mais le moindre grain de mil
Serait bien mieux mon affaire.

LES SUISSES APRÈS LA BATAILLE DE GRANSON (1476).

Charles le Téméraire était venu attaquer les Suisses. Son camp, établi à Granson et parfaitement retranché, eût été difficile à forcer. L'armée des confédérés était composée de vingt mille paysans, tous fantassins, la plupart armés seulement de hallebardes, sans artillerie, ni arquebuses, n'ayant même ni cuirasses, ni armures : elle ne pouvait espérer vaincre les hommes d'armes bardés de fer du duc de Bourgogne qu'en les attirant en plaine.

Le 3 mars 1476, les Suisses, formés en carré, descendirent de leurs montagnes comme pour défier les Bourguignons. A cette vue, le bouillant Charles, blessé dans son orgueil, fit sortir son armée du camp, en disant: « Marchons à ces vilains, quoique ce ne soient pas gens pour nous. » Cependant les soldats de l'armée ennemie, satisfaits du résultat de leur ruse, se jetèrent à genoux pour prier Dieu avant d'engager le combat. Les Bourguignons crurent qu'ils demandaient miséricorde, et s'élancèrent sur eux; mais, bientôt les Suisses se relevèrent, reçurent le choc de la cavalerie sans s'ébranler, et la plupart des chevaliers démontés furent massacrés. On se battait avec rage des deux côtés depuis plusieurs heures, quand les montagnards d'Ury et d'Anderwald paraissant soudain sur les coteaux environnants, firent retentir l'air de leurs trompes, pour annoncer à leurs frères qu'ils venaient à leur secours. Ces accents sauvages, que les échos répétaient dans les montagnes, étonnèrent tellement les troupes de Charles le Téméraire, que prises d'une terreur panique, elles s'enfuirent dans toutes les directions; ce fut en vain que le duc fit des prodiges de valeur pour les rallier; lui-même, séparé des siens, fut forcé de s'éloigner du champ de bataille, suivi seulement de cinq chevaliers. Les Suisses n'ayant pas de cavalerie, ne purent poursuivre leurs ennemis; mais ils s'emparèrent du camp où étaient rassemblées toutes les richesses du duc de Bourgogne, ses chariots de provisions, ses bagages, quatre cents bombardes et couleuvrines, et huit cents arquebuses.

Ce fut un curieux spectacle que celui de ces simples habitants des montagnes, dont la plupart étaient à peine vêtus de peaux de chèvre, entrant dans ces tentes splendides de soie et de velours, renversant des coffres plein d'or, étalant et jetant par terre sans en connaître la valeur, des perles fines, des diamants et des joyaux du plus grand prix.

Comme des sauvages, les Suisses qui n'avaient jamais rien vu de semblable, s'émerveillaient de tout cet éclat : mais prenant les vases d'or pour du cuivre, ceux d'argent pour de l'étain, ils les emportaient, et les trouvant trop lourds, les revendaient pour une bagatelle à des marchands juifs.

Le gros diamant de Charles, celui qu'il portait au cou et qui avait orné la couronne du Grand Mongol, diamant sans pareil dans la chrétienté, fut abandonné sur le grand chemin. Il était enfermé dans une boîte ornée de perles fines, le Suisse qui le trouva, garda la boîte et jeta le diamant, pensant que c'était du verre ; toutefois, se ravisant, il le ramassa et le vendit pour un écu au curé de Montagny [1].

---

[1] Ce diamant, nommé le *Grand-Mogol*, fut revendu par le curé à un Bernois, pour la somme de trois écus ; un riche marchand qui commerçait en Italie, l'acheta pour 5,000 ducats et le revendit 7,000 à des Génois, qui, eux-mêmes, le cédèrent pour 14,000 à Louis le More, duc de Milan. Après la chute de la maison Sforzi, le diamant passa en la possession du pape Jules II, pour la somme de 20,000 ducats :

Les Suisses s'introduisant dans la tente royale, foulaient aux pieds les tapis d'Arras les plus précieux, arrachaient les tentures de velours brodées de perles avec des cordes tressées d'or, ils tiraient des coffres une énorme quantité de drap d'argent et de damas, des dentelles de Flandre, et les distribuaient à l'aune comme de la toile commune ; ils se partageaient les armures, les épées, les poignards, les lances ; la plupart de ces objets étaient montés en ivoire et étincelaient de rubis, d'émeraudes et de saphirs. Le trône d'or de Charles, son sceau du même métal, son collier de la Toison d'or, qui était de la plus grande richesse,

il orne la tiare du Pape ; sa grosseur est égale à la moitié d'une noix.

Un autre diamant, presque aussi beau, fut acheté par Jacques Fugger, qui le vendit à Henri VIII d'Angleterre. Marie, fille de ce roi, le porta en Espagne : il revint ainsi entre les mains de l'arrière-petit-fils du duc de Bourgogne. Il appartient encore à la maison d'Autriche.

Un troisième diamant, plus célèbre encore, fut vendu, en 1492, à Lucerne, pour 5,000 ducats, et passa en Portugal. Quand les Espagnols s'emparèrent de ce pays, D. Antonio, prieur de Crato, dernier descendant des princes détrônés, vint à Paris et y mourut. Le joyau fut acheté par Nicolas de Harlai sire de Sancy, dont il garda le nom : il a longtemps fait partie des diamants de la couronne de France, puis fut vendu, à la révolution ; depuis, il a encore été racheté, et après avoir passé par bien des mains, le *Sancy* a orné la couronne de l'empereur Napoléon III.

et une infinité d'objets précieux furent pillés, brisés ou perdus.

Pendant que les montagnards étonnés regardaient toutes ces merveilles d'un luxe qu'ils ne comprenaient pas, l'un d'eux aperçut un chapeau en velours jaune, et le plaça en jouant sur sa tête; ce chapeau n'était autre que celui du duc; il était orné de trois rubis admirables, nommé *les trois frères* et d'une couronne de pierres précieuses, le rustre le jeta bientôt dans un coin pour se couvrir d'un simple casque de fer qui lui plut davantage, et le chaperon du Téméraire, acheté par Fugger, fut par lui revendu à l'archiduc Maximilien, mari de Mlle de Bourgogne.

La tente qui servait d'oratoire renfermait des richesses considérables; c'était là que se trouvaient les douze apôtres en argent massif, la châsse de saint André, en cristal, le chapelet du bon duc Philippe, un livre d'heures couvert de pierreries, et un ostensoir aussi admirable par son travail d'orfévrerie, que par la valeur des diamants qui l'ornaient.

Tous ces objets de luxe et d'art, inconnus des Suisses et par eux inappréciés, furent en partie perdus; ils leur préféraient les vivres qu'ils trouvèrent en abondance dans le camp : ils appliquaient ainsi en réalité, le dicton du coq de la fable : « Le moindre grain de mil serait bien mieux mon affaire. »

LES FRELONS ET LES MOUCHES A MIEL.

(Livre I. — Fable 21.)

A l'œuvre on connaît l'artisan.

LE JUGEMENT DE SALOMON (1010 à 1000 avant J.-C.).

Quand le roi Salomon régnait en Judée (1010 à 1000 avant J.-C.), il rendait lui-même la justice et ses décrets étaient empreints d'une grande sagesse. Entre les plus célèbres, on cite celui-ci :

Deux femmes vivaient dans une même maison ; l'une accoucha d'un fils, et trois jours après l'autre femme accoucha également d'un garçon qui mourut dans la nuit. Se levant alors doucement, elle prit le fils de sa compagne et lui substitua l'enfant qui venait d'expirer. Lorsqu'à son réveil la véritable mère voulut allaiter son nourrisson, le trouvant sans vie à ses côtés, elle le regarda attentivement et reconnut que ce n'était point son fils.

Les deux plaignantes parurent devant le roi en demandant justice : l'une niait fortement ce que la première avait dit et soutenait, que c'était son enfant qui était vivant et que celui qui était mort appartenait à celle qui lui disputait le sien. L'affaire était obscure, car elle s'était passée sans preuves, sans témoins et chacune des femmes témoignait au nouveau-né une égale tendresse.

Salomon, après avoir écouté longtemps en silence, dit tout à coup à l'un de ses gardes de partager l'enfant en deux avec son coutelas pour que chaque femme en eût la moitié. En entendant cet ordre, la fausse mère ne dit rien, mais l'autre s'écria qu'elle aimait mieux céder son enfant que de le voir périr. A ce cri de la nature, Salomon prononça cet arrêt, en la désignant : « Voici la vraie mère ; qu'on lui rende son fils. »

L'action toute naturelle de cette femme avait éclairé le roi, car les plus chaleureuses protestations, les discours les plus subtils, s'évanouissent devant la vérité comme la neige fond quand le soleil paraît : on a vu parfois des imposteurs faire croire à leur sincérité comme à leur mérite, mais il ne fallait souvent qu'un jour pour faire crouler l'échafaudage de leurs fourberies et « c'est à l'œuvre qu'on connaît l'artisan. »

LE CHÊNE ET LE ROSEAU.

(Livre I. — Fable 22.)

Le chêne un jour dit au roseau :
Vous avez bien sujet d'accuser la nature ;
Un roitelet pour vous est un pesant fardeau ;
. . . .
Cependant que mon front, au Caucase pareil, . . .
Brave l'effort de la tempête.

LE NAUFRAGE DE LA BLANCHE-NEF (1120).

Henri Ier, roi d'Angleterre, vivait dans la splendeur ; respecté dans ses états, craint de ses ennemis, il était parvenu au faîte de la prospérité. Son fils Guillaume, âgé de dix-huit ans, futur héritier de la couronne, venait de recevoir l'investiture du duché de Normandie. Comme tout semblait pacifié sur le continent, Henri Ier avait réuni sa cour à Harfleur, et se préparait à traverser le détroit.

Toutes ses dispositions de départ étaient faites

et le choix du navire arrêté, quand un marin nommé Fitz-Stephen vint le trouver, et lui dit en s'agenouillant. « Sire, mon père fut serviteur du vôtre, et c'est lui qui commandait le vaisseau qui le conduisit à la conquête de l'Angleterre ; baillez-moi en fief le même office, je n'ai point dégénéré : mon navire se nomme la *Blanche-Nef*, il est parfaitement gréé et appareillé. » Le monarque lui répondit : « J'ai déjà fait choix du vaisseau qui me portera ; ce choix ne peut être changé, car mes équipages sont déjà embarqués, mais je te confie mon héritier, le prince Guillaume, ainsi que le prince Richard, la princesse Adèle, mes enfants naturels et toute leur suite ; sois pour moi aussi fidèle serviteur que ton père le fût du mien. »

Fitz-Stephen se releva tout joyeux et courut au port pour achever les derniers préparatifs de la *Blanche-Nef*. Déjà les voiles se balançaient sur les vergues, tous les pavillons flottaient comme en un jour de fête, et du haut du tillac l'heureux capitaine apercevait au loin une foule considérable qui, après avoir accompagné le roi Henri jusqu'au navire qui l'emmenait, suivait maintenant le brillant cortége du jeune Guillaume s'acheminant lentement vers la *Blanche-Nef* pour s'y embarquer.

L'héritier de la couronne, vêtu d'un riche costume, donnait la main à sa jeune sœur ; après lui venait son frère ; cent quarante seigneurs, dix-sept dames de la cour composaient sa suite, puis un nombre presque égal de chevaliers l'accompagnaient jusqu'à l'embarquement. C'était un beau spectacle que ce splendide cortége dont les brillants vêtements couverts d'or et de pierreries étincelaient au soleil. Il était près d'atteindre la plage quand le navire qui portait le roi, passa à quelque distance ; ses voiles gonflées par un vent favorable faisaient glisser la galère sur les eaux. A cette vue le prince et sa suite agitèrent leurs chaperons en poussant des cris d'allégresse, et Fitz-Stephen et son équipage les imitèrent avec enthousiasme.

Le cortége du jeune Guillaume ayant joint la *Blanche-Nef*, tout le monde s'embarqua : mais à cause de la multitude des passagers, la quantité des équipages et des bagages, cela prit un temps considérable. Le capitaine avait fait préparer un repas splendide auquel le prince invita les seigneurs qui lui faisaient la conduite : si bien que l'après-dîner se passa en festin, en danses, et le soleil était sur son déclin quand Fitz-Stephen représenta respectueusement au fils du monarque qu'il fallait que ceux qui devaient retourner à terre quittassent la *Blanche-Nef* pour pouvoir lever l'ancre et profiter de la marée du soir. Guillaume y consentit, et dans sa magnificence fit distribuer trois tonneaux de vin à l'équipage de la galère qui se livra avec la plus grande ardeur aux travaux d'appareillage.

Au milieu du va-et-vient occasionné par le départ des courtisans qui retournaient à terre, un pauvre garçon, vêtu simplement de peaux de mouton, sans chaussures et sans chapeau, se glissait parmi les valets et montait à bord de la *Blanche-Nef* : mais, l'œil vigilant du capitaine l'avait aperçu. — « Qui es-tu, dit-il à l'inconnu, qui te rend si hardi de monter à mon bord ? » — « Messire, répondit timidement le pauvre diable, je suis Berold, fils d'un boucher de Rouen ; mon père m'a chassé et je vais chercher fortune en Angleterre... laissez-moi faire le voyage avec vous, je me blottirai dans un coin et mangerai les restes des chiens de la meute royale. » — « La *Blanche-Nef*, qui porte l'héritier de la couronne, est-elle faite pour un truand comme toi » répliqua durement Fitz-Stephen, en repoussant le jeune homme. Bientôt l'équipage entourait ce colosse qui dépassait de la tête tous les hommes du bord et dont les membres énormes annonçaient une force athlétique. On le menaçait déjà de le jeter à l'eau sans que le malheureux fît grande résistance. Le prince d'Angleterre attiré par ce tumulte, en demanda la cause : à la vue de ce misérable à peine vêtu, se prosternant et implorant miséricorde, il en eût pitié ; dit de ne point le maltraiter et de le laisser à bord que tel était son bon plaisir. A ces mots toute démonstration hostile cessa, et le pauvre Berold alla se cacher dans un coin sur le devant du navire.

Cependant l'ancre fut levée et le vaisseau se balançant sur les flots, prit le large aux applaudissements de tous. Les matelots, échauffés par le vin, voulurent encore seconder le vent qui enflait les voiles, et ramant avec une incroyable ardeur, ils croyaient follement, sans calculer l'avance que la galère royale avait sur eux, pouvoir l'atteindre et arriver au port en même temps qu'elle.

La nuit était venue et la lune brillait au ciel : la *Blanche-Nef*, rapide comme une flèche, longeait la côte, tandis que les seigneurs et les damoiselles chantaient sur le tillac au son de divers instruments de musique. Tout à coup le navire, poussé par une force extrême, s'engagea parmi les rochers à fleur d'eau nommés le Raz de Catteville et touchant de la quille, s'entr'ouvrit à l'instant et de telle manière que l'eau monta jusque sur le pont.

Fitz-Stephen, plein de résolution et de présence d'esprit au milieu du péril, fit mettre la chaloupe à la mer et y entraîna le prince Guillaume en donnant l'ordre de ramer vers la terre dont on distinguait les feux. On s'éloignait déjà du bâtiment qui s'enfonçait sous l'eau, quand au milieu des cris déchirants que poussaient les infortunés qu'on abandonnait, le prince reconnut la voix de sa sœur Adèle et voulut à tout prix la sauver : malgré les représentations du capitaine, il ordonna de se rapprocher de la *Blanche-Nef;* mais quand l'esquif toucha le bâtiment, une foule épouvantée se précipita pêle-mêle dans l'embarcation qui chavira et coula à fond, disparaissant avec l'héritier de la couronne et tous ceux qui étaient avec lui.

La galère sombrait au même moment et près de trois cents personnes étaient englouties dans les flots : on entendit des cris étouffés, des gémissements auxquels succéda un silence de mort; cependant le temps était calme et le ciel argenté.

Le haut du grand mât du navire était resté sur la surface de la mer et indiquait la place où avait coulé le bâtiment : à ce tronçon de mât se cramponnaient deux hommes : l'un était Geoffroy de l'Aigle, jeune chevalier de grande espérance, et l'autre le pauvre boucher Berold : l'instinct de la conservation les avait fait saisir ce débris comme leur dernière ressource ; c'était tout ce qui restait de la *Blanche-Nef...*

Cependant un bruit sourd frappa leurs oreilles ; puis une tête sortit de l'eau ; c'était Fitz-Stephen qui après avoir fait le tour du bâtiment à la recherche du fils du roi, revenait haletant et épuisé de fatigue ; s'adressant à Berold il prononça ces mots : « Où est le prince Guillaume? — Il n'a point reparu, dit le boucher, ni son frère, ni sa sœur, ni personne de sa suite. — Malheur à moi ! » s'écria l'infortuné capitaine, et il se replongea volontairement dans les flots : excellent nageur, il aurait pu se sauver s'il l'eut voulu, mais le désespoir s'était emparé de son âme ; il préféra mourir.

On était en novembre, et la nuit devenait de plus en plus humide ; les deux malheureux naufragés, dont les membres étaient transis et raidis autant par la tension des muscles que par le froid glacial, commençaient à faiblir : enfin la fatigue devint tellement insupportable pour le jeune Geoffroy de l'Aigle, que ses mains lâchèrent la vergue à laquelle il s'était accroché et la mer lui servit de linceul.

La Providence dans ses décrets impénétrables ne permit pas qu'aucun des brillants seigneurs qui, peu d'heures avant faisaient retentir la *Blanche-Nef* de leurs chants d'amour, survécut à ce sinistre. Il n'y eût que le plus infime des passagers, celui qui avait été reçu à bord par commisération qui conserva la vie.

Avant cette catastrophe, Berold, semblable au roseau, « n'avait-il pas sujet d'accuser la nature, » en comparant son sort à celui du fils d'un des plus puissants monarques de la chrétienté ; mais « triste exemple des vicissitudes humaines, le prince, « dont la tête au ciel était voisine, touchait déjà à l'empire des morts ! »

Le fils de l'humble boucher de Rouen, grâce à sa force herculéenne, se conserva accroché au débris du mât, et le matin, il fut recueilli à moitié mort de froid et de faim, par des pêcheurs qui sortaient du port; ce fut lui qui raconta les détails de cet horrible drame.

Plusieurs jours s'écoulèrent, sans qu'on osât dire à Henri Ier la perte cruelle qu'il venait d'éprouver ; quand on vit que par cette absence prolongée, son inquiétude était au comble, un page se jeta à ses pieds en versant des larmes, et le monarque comprit le fatal secret ; depuis ce jour, dit la chronique, on ne le vit jamais sourire.

LIVRE SECOND

CONTRE CEUX QUI ONT LE GOUT DIFFICILE.

(Livre II. — Fable 1.)

Maudit censeur ! te tairas-tu ?
Ne saurais-je achever mon conte ?
C'est un dessein très-dangereux
Que d'entreprendre de te plaire...
Les délicats sont malheureux :
Rien ne saurait les satisfaire.

L'HISTRION ET LE PAYSAN.

De tous temps, la critique a poursuivi les écrivains. Combien compterait-on de Zoïles depuis Homère, tant l'esprit de contradiction et surtout d'envie est inné dans le cœur humain? Le bon La Fontaine, se plaint de ces gens « au goût difficile et que rien ne saurait satisfaire; » il aurait été consolé, s'il eût pu lire cette sentence qu'écrivait, environ quarante ans après lui, l'un de nos auteurs les plus féconds et qui fut cependant, comme notre fabuliste, poursuivi par l'injuste critique [1] : « Laissons-là je vous prie, les applaudissements du public; il en donne souvent bien mal à propos, et applaudit même plus rarement au vrai mérite qu'au faux. »

Toute la population d'une ville de la Grèce, s'était rassemblée dans un cirque pour voir jouer des pantomimes. Parmi ces histrions, il y en avait un, adoré du public, que l'on applaudissait à chaque moment, et sans faire attention aux autres acteurs qui l'égalaient et souvent même le surpassaient. Vers la fin du spectacle, ce bouffon termina la séance par un tour qu'il n'avait point fait jusqu'alors. Il se baissa, se couvrit la tête de son manteau, et contrefit le cri d'un cochon de lait. Il l'imita si bien, que le public crut qu'il en cachait un sous ses vêtements; on lui cria de secouer ses habits, et lorsqu'on vit que ce cri n'était qu'une imitation, cette imitation fut trouvée si parfaite, que les éloges et les applaudissements lui furent prodigués à l'excès.

Un homme de la campagne, qui était présent, trouva ces témoignages d'admiration fort exagérés, et dit : « Messieurs, vous avez tort d'être charmés

---

[1] Lesage.

de ce bouffon ; ce qu'il a fait là n'est pas extraordinaire, car moi-même j'imite mieux que lui le cri du cochon de lait ; venez demain à la même heure pour en juger. »

Le public rit ; se moqua à l'avance du paysan, et persuadé de son inhabilité, se rendit en foule dans le cirque le jour suivant, non pour l'écouter et comparer, mais résolu d'avance à le siffler.

Le bouffon commença son jeu et fut applaudi à outrance. Alors le villageois, s'étant baissé à son tour et enveloppé de son manteau, tira l'oreille à un véritable cochon qu'il tenait caché sous son bras, et lui fit pousser des cris perçants. On le hua, on le siffla sans miséricorde, et on accorda le prix à l'histrion si parfait imitateur de la nature. L'homme de la campagne, montra alors le cochon de lait aux spectateurs étonnés, et leur dit : « Messieurs, ce n'est pas moi que vous sifflez, c'est le cochon lui-même. Voyez quels juges vous êtes ! »

Concluons ce récit par ces vers de Boileau :

> Le Théâtre est fertile en censeurs pointilleux
> On y trouve à siffler des bouches toujours prêtes.
> . . . .
> C'est un droit qu'à la porte on achète en entrant.

CONSEIL TENU PAR LES RATS.

(Livre II. — Fable 2.)

Ne faut-il que délibérer,
La Cour en conseillers foisonne :
Est-il besoin d'exécuter,
L'on ne rencontre plus personne.

PÉPIN LE BREF ET LES SEIGNEURS DE SA COUR
(752).

Tant que Pépin le Bref n'avait été que maire du palais, tous les seigneurs l'avaient jugé digne de les gouverner; mais à peine fut-il roi, qu'ils critiquèrent sa conduite. Plusieurs dirent même hautement qu'ils eussent mieux fait de choisir tel ou tel chef qu'ils désignaient, qui, par sa valeur et sa taille colossale, aurait été plus digne de les commander : car, dans ces temps d'ignorance où la force brutale était seule appréciée, la stature exiguë de Pépin le Bref excitait les railleries de tous ces guerriers encore imbus des grossiers préjugés des anciens francs.

Le roi, qui connaissait le mépris qu'inspirait sa petite taille, résolut de confondre ceux qui riaient à ses dépens. On avait dressé à l'abbaye de Ferrières, une sorte de lice où luttèrent ensemble plusieurs bêtes féroces. Soudain, parut sur l'arène un taureau indompté et un lion, qui combattirent avec un acharnement sans égal. Pépin, assis dans une tribune et entouré des nombreux seigneurs de sa cour, contemplait tranquillement ce combat. Déjà le lion saisissait le taureau par le cou, quand le roi dit à ses courtisans : « S'il y avait un guerrier assez hardi pour séparer ces deux redoutables adversaires, ne serait-ce pas un grand acte de bravoure ? — Certes, Sire, répondit un seigneur, ce serait plus que de la bravoure, ce serait de la témérité. » Un autre ajouta : Il n'y a pas au monde un mortel capable de tenter une pareille entreprise. — Quel est celui d'entre vous, dit Pépin, qui osera sauter seul dans l'arène, pour arracher le lion de dessus le taureau ? » A ces mots, tous les seigneurs baissèrent les yeux et personne ne répondit.

Pépin le Bref, descend alors rapidement de l'estrade, s'élance dans le cirque et tirant son glaive, le plonge jusqu'à la garde dans la gorge du lion qui tombe mort à ses pieds, puis d'un revers, il abat la tête du taureau. Il promène alors fièrement ses regards sur ceux qui avaient paru jusqu'alors le mépriser, et leur dit : Apprenez que le courage ne se mesure pas à la taille : « N'avez-vous jamais entendu dire que David, qui n'était pas plus grand que moi, a vaincu le géant Goliath ? Vous semble-t-il maintenant que je puisse être votre seigneur ?

Des cris d'admiration retentirent de tous côtés ; ce fut la seule réponse des seigneurs confondus

LE LOUP PLAIDANT CONTRE LE RENARD PAR DEVANT LE SINGE.

(Livre II. — Fable 3.)

Le juge prétendait qu'à tort et à travers,
On ne saurait manquer, condamnant un pervers.

CLOVIS Ier ET LE VASE DE SOISSONS (486).

La moralité de cette fable semble contradictoire. La Fontaine, comme il le dit lui-même, a suivi Phèdre sans réfléchir que cet apologue est tout imbu des préjugés antiques. Ces préjugés tenaient la réputation et la vie d'un homme en bien petite estime. Le christianisme, au contraire, loin de nous permettre de condamner à tort et à travers (car on peut être pervers à divers degrés) nous donne comme maxime qu'il vaudrait mieux dans le doute, absoudre un coupable que de risquer de condamner un innocent.

Les soldats de. Clovis Ier s'étaient rassemblés à Soissons pour partager le butin qu'ils avaient fait après une victoire. Le roi, qui avait l'intention de restituer à St-Remi un vase d'argent magnifiquement ciselé qui avait été pris dans l'église de Reims, aurait désiré ajouter ce vase à son lot ; il le demanda à ses guerriers qui y consentirent presque à l'unanimité. Un soldat seul s'y opposa, et dit à Clovis avec hauteur : « Tu n'emporteras d'ici que ce que le sort t'adjugera ; » puis il frappa de sa hache le vase précieux et le mit en pièces.

Le roi fut indigné de cette insolence ; mais il dissimula l'injure qu'il avait reçue. Un an après, il ordonna à tous ses guerriers de venir à l'assemblée du champ de Mars, où il devait les passer en revue. Tandis qu'il examinait les armes de ses Francs, il reconnut celui qui avait brisé le vase, et lui dit : « Personne n'a des armes aussi mal tenues que les tiennes ; ni ta lance, ni ton épée ne sont en bon état : » puis il jeta sa hache à terre. Le soldat se baissa pour la ramasser ; mais le farouche Clovis levant sa francisque lui abattit la tête en disant : « Voilà ce que tu as fait au vase à Soissons... »

C'était un barbare qui en condamnait un autre ; mais quel était le plus barbare des deux ? Si le soldat était coupable à plusieurs titres, Clovis ne l'était-il pas bien plus encore de lui arracher la vie sans autre forme de procès ?

LES DEUX TAUREAUX ET UNE GRENOUILLE.

(Livre II. — Fable 4.)

*Hélas ! on voit que de tout temps
Les petits ont pâti des sottises des grands.*

LE SIÉGE DE TROIE (1195-1185 avant J.-C.).

Ménélas, roi de Lacédémone, était depuis peu d'années l'époux de la belle Hélène, quand Pâris, fils de Priam, roi de Troie, vint à sa cour et y reçut l'hospitalité. Ce jeune prince, d'une grande beauté et très-habile chanteur, sut toucher le cœur de la femme de son hôte. Hélène en devint follement éprise et oubliant ses devoirs, elle profita de l'absence momentanée de son mari pour s'enfuir avec Pâris, à Troie, où ils se réfugièrent.

L'injure reçue par Ménélas rejaillit sur Agamemnon, son frère, et les états généraux de la Grèce, rassemblés à Egion, dirent que l'honneur national offensé par la perfidie troyenne, demandait une éclatante réparation.

On envoya des ambassadeurs à Priam, pour réclamer Hélène et demander satisfaction ; mais ces envoyés furent reçus avec un tel mépris, qu'à leur retour la guerre fut résolue.

Après quatre ans de préparatifs, Agamemnon, roi de l'Argolide, fut nommé généralissime de l'armée des Grecs ; il joignit ses forces à celles de son frère Ménélas ; les autres principaux rois ou chefs qui les suivirent furent Nestor, Diomède, Ulysse, Achille, Ajax, Ménesthée, Philoctète, Idoménée. Toutes leurs forces réunies s'élevaient à cent mille hommes environ montés sur 1,186 vaisseaux.

De son côté, Priam se prépara à une défense opiniâtre ; il fut secondé par les Dardaniens commandés par le célèbre Enée, les Ciconiens, les Paphlagoniens, les Phrygiens, les Lyciens, les Mysiens, les Cariens et par tous les peuples qui occupaient la rive asiatique de l'Hellespont. Hector, fils de Priam, fut choisi comme généralissime de l'armée troyenne qui égalait en nombre celle de ses adversaires.

Tour à tour vainqueurs et vaincus, après bien des assauts et des combats et dix ans entiers passés devant les murs de Troie, les Grecs s'emparèrent enfin de cette ville, 1185 ans avant J.-C. et la réduisirent en cendres, en passant tous ses habitants au fil de l'épée. Priam périt avec toute sa famille et tous ses guerriers. Les Grecs, de leur côté, perdirent l'élite des leurs, tant par le fer que par la peste et la famine : c'est ainsi que la perfidie d'un jeune prince imprudent et d'une princesse coupable, furent cause de la perte d'une nation et de la mort de milliers d'hommes, tant il est vrai que « de tous temps, les petits ont pâti des sottises des grands. »

LA CHAUVE-SOURIS ET LES DEUX BELETTES.

(Livre II. — Fable 5.)

Le sage dit, selon les gens :
Vive le roi ! vive la ligue !

L'ABJURATION DE HENRI IV (1593).

Cette fable est peut-être la seule dont la moralité mérite la critique qui en a été faite par les détracteurs du fabuliste, que la postérité décora du nom de *Bon*, comme elle ajouta au nom de Corneille celui de *Grand*. La Fontaine ne réfléchit sans doute pas à la portée de cet axiome : Le sage dit, selon les gens : Vive le roi ! vive la ligue ! car en le prônant, c'était conseiller la fourberie, encourager la duplicité.

Tout au contraire, lorsque le temps a confirmé en nous les grandes convictions qui seules soutiennent l'homme sur la terre, c'est-à-dire les croyances religieuses, l'amour du pays ou du prince, celui de la famille, enfin de tout ce qui est beau et digne dans le monde, rien ne doit nous écarter de ces convictions ou nous les faire abjurer, ne fut-ce qu'en apparence. Soutenir son parti jusqu'à la mort, telle a été la devise du stoïque Caton : « *Victrix causa Diis placuit sed victa Catoni;* » si un païen parlait ainsi, que dira un philosophe chrétien?

C'est cette conviction profonde qui soutenait les martyrs de notre religion, quand les Japonais les faisaient périr dans les tourments; c'est elle qui consolait Bernard de Palissy dans les fers, quand vieux et pauvre, il avait une prison pour récompense de sa vie laborieuse : c'est elle encore qui animait Charette, quand sous les baïonnettes républicaines, il criait une dernière fois: Vive le roi ! Ils n'avaient qu'un mot à prononcer pour éviter les tourments et la mort: ils ne le dirent pas, parce que l'honneur et l'estime de soi-même sont préférables à la vie, et que chacun de ces héros disait avec Corneille:

> Et l'on peut me réduire à vivre sans bonheur,
> Mais non pas me résoudre à vivre sans honneur.

La moralité de cette fable n'est donc pas admissible et ne peut être prise au sérieux ; c'est plutôt un récit agréable qu'un apologue. Parmi les exemples que nous présente l'histoire, il n'en est guère qu'un seul à citer à l'appui du prudent conseil que donne La Fontaine de changer d'*écharpe* ou de couleur, selon les temps et les circonstances; c'est l'abjuration de Henri IV.

A la mort de Henri III, dont il devenait le légitime successeur, le Béarnais avait à combattre la Ligue, qui occupait les principales places du pays, et qui, en outre de sa force matérielle, se servait du fanatisme religieux pour exciter les populations contre le prétendant. Le pape lui-même mettait de grands obstacles à son avénement au trône, tout en rendant justice à ses talents. C'est en vain, que vainqueur de Mayenne en plusieurs combats, Henri s'approchait chaque jour davantage de la capitale, son jugement naturel lui faisait bien voir que le titre d'hérétique et d'excommunié serait toujours une barrière insurmontable pour acquérir l'amour d'une population plus nombreuse en catholiques qu'en protestants. Voulant concilier tous les esprits, apaiser les haines et les discordes qui ensanglantaient la France depuis tant d'années, il abjura le protestantisme et se fit catholique. Ce fut un acte de sagesse et de dévouement au bien public, et non l'acte d'un renégat comme le dirent ses détracteurs. En adoptant la religion de la plus grande partie de ses sujets, tout en respectant la liberté religieuse de ses anciens coreligionnaires, liberté qu'il assura par l'édit de Nantes, Henri IV justifia bien ce vers d'un grand poëte :

    Il fut de ses sujets le vainqueur et le père.

L'OISEAU BLESSÉ D'UNE FLÈCHE.

(Livre II. — Fable 6.)

Des enfants de Japet toujours une moitié
Fournira des armes à l'autre.

———

LE SECOND SIÈGE DE PARIS EN 1871.

Pendant que Paris était assiégé par les Prussiens et que cette population immense se trouvait enchaînée dans un réseau de fer, on avait reconnu que notre artillerie était bien trop inférieure en nombre à celle de l'ennemi pour pouvoir lui tenir tête, et l'on avait résolu de fabriquer une quantité de canons. On sacrifia encore dans ce but des sommes considérables, et ces pièces furent fondues et en grande partie distribuées à la garde nationale. Après la capitulation, plusieurs bataillons refusèrent de les rendre et ces mêmes canons qui devaient servir contre l'ennemi, furent employés par la Commune à hérisser ses barricades et à commencer une lutte sacrilége.

Fatale invasion de mon pays, jours néfastes de

ma patrie et plus encore peut-être, guerre fratricide, qui m'avez fait dire avec le sage : « J'ai trop vécu puisque je vous vois ! » ma plume ne peut, ne veut pas vous décrire. Vous ne sauriez être mieux tracés que par les passages suivants extraits d'un poëte latin [1] qui, il y a dix-huit cents ans, déplorait amèrement les guerres civiles de son pays. Ces vers semblent une prophétie pour les événements de la Commune, en 1871.

« Je chante cette guerre sacrilége qui mit les lois aux pieds du crime : où l'on vit un peuple puissant tourner ses mains contre lui-même, l'aigle s'avancer contre l'aigle, deux camps unis par les liens du sang diviser l'empire et se disputer le fatal honneur de hâter sa ruine !

« O Citoyens, quelle fureur ! quels excès de démence et de rage ! Est-ce à vous d'assouvir la haine des nations dans le sang de votre patrie ? »

. . . .

« Le père se trouve en présence du fils, le frère en présence du frère, sans qu'ils osent changer de place. Cependant une soudaine horreur les saisit, et au fond de leur cœur, où frémit la nature, leur sang se retire glacé. »

. . . .

« Dans l'avenir même le plus éloigné, chez la postérité la plus reculée, soit que la seule renom-

---

Lucain. *Pharsale.*

mée transmette ces événements, soit que ce pénible fruit de mes veilles contribue à sauver de grands noms de l'oubli ; en lisant le récit de cette guerre, la crainte, l'espoir, le doute impatient se saisiront de tous les cœurs ; l'âme interdite et suspendue, en attendra l'événement, comme s'il était à venir. »

LA LICE ET SA COMPAGNE.
(Livre II. — Fable 7.)

Ce qu'on donne aux méchants, toujours on le regrette :
   Pour tirer d'eux ce qu'on leur prête
   Il faut que l'on en vienne aux coups ;
   Il faut plaider, il faut combattre.
   Laissez-leur prendre un pied chez vous
   Ils en auront bientôt pris quatre.

LES COLONIES GRECQUES DANS L'ASIE MINEURE
(l'an 1068 avant J.-C.).

L'an 1068 avant J.-C. l'Attique et les pays circonvoisins étaient surchargés d'habitants ; car les Ioniens qui occupaient auparavant douze villes dans le Péloponèse, s'étaient réfugiés près d'Athènes lors de la conquête des Héraclides. Ces nouveaux venus soupiraient après un changement qui leur fit oublier leurs infortunes, parce qu'ils étaient traités en véritables étrangers par les indigènes.

Les Athéniens ayant aboli la royauté après la mort du roi Codrus, les fils de ce prince, plutôt que d'entretenir dans leur patrie des guerres intestines, résolurent de chercher au loin de plus brillantes destinées : ils engagèrent les Ioniens à les accompagner au delà des mers vers les riches contrées qui terminent l'Asie à l'opposite de l'Europe et où déjà les Éoliens avaient commencé une colonie. Ce projet fut applaudi et quelques Béotiens et Phocéens s'étant joints aux Ioniens, ils firent voile vers cette terre tant désirée.

Arrivés sur le continent asiatique, les nouveaux venus y trouvèrent les Lydiens et les Cariens, peuples sauvages qui occupaient ce pays, et qu'ils ne pouvaient espérer de vaincre avec leurs faibles ressources : ils les supplièrent humblement de leur accorder un asile en indiquant un territoire de peu d'étendue pour s'y fixer. Les indigènes eurent la faiblesse d'y consentir ; les Ioniens y fondèrent une colonie qui prit bientôt des proportions tellement considérables que les Lydiens et les Cariens alarmés voulurent alors les contraindre à abandonner l'Asie Mineure : mais il était trop tard, et les nouveaux venus, trop puissants pour être chassés, s'installèrent en maîtres dans un pays où ils n'avaient été admis d'abord que par hospitalité.

LE LION ET LE MOUCHERON.

(Livre II. — Fable 9.)

Quelle chose par là nous peut être enseignée ?
J'en vois deux, dont l'une est qu'entre nos ennemis
Les plus à craindre sont souvent les plus petits ;
L'autre, qu'aux grands périls tel a pu se soustraire,
Qui périt pour la moindre affaire.

DAVID ET GOLIATH (l'an 1070 avant J.-C.). — MORT DE RICHARD CŒUR DE LION (1199).

Les Philistins ayant de nouveau déclaré la guerre aux Israélites, Saül marcha contre eux et les deux armées se trouvèrent en présence sur les montagnes qui avoisinent la vallée de Thérébinthe. Il sortit alors du camp des Philistins, un géant d'une stature et d'une force extraordinaires, qu'on appelait Goliath. Il avait sur la tête un casque de cuivre, portait une pesante cuirasse, un bouclier de bronze et était armé d'une lance et d'une large épée. « Cette tour armée de fer » comme le dit saint Chrysostôme, s'avança orgueilleusement vers les soldats d'Israël, et prononça ces mots qui firent retentir toute la vallée: « Choisissez parmi vous un guerrier qui ose se mesurer avec moi : s'il m'arrache la vie, nous serons vos esclaves : mais si je le tue, vous nous obéirez comme tels. » Pendant quarante jours suivis, le Philistin insulta ainsi le peuple de Dieu ; mais, il n'y eut pas un homme qui sortit pour le combattre.

David faisait paître les troupeaux de son père, car il était encore trop jeune pour porter les armes. Isaï qui avait trois fils dans l'armée israélite, chargea le jeune pasteur d'aller au camp porter des vivres à ses frères et s'informer en même temps de ce qui se passait. David arriva au moment où le géant proférait ses menaces et vit les Juifs s'enfuir de tous côtés à son aspect. Étonné, mais sans crainte, il dit à ceux qui l'environnaient : Quel est ce Philistin qui insulte ainsi le peuple de Dieu ? quelle sera la récompense de l'homme qui le tuera ? Un soldat lui répondit : Le roi lui donnera sa fille en mariage avec de grandes richesses. Ce que David avait dit parvint aux oreilles de Saül, il le fit appeler ; alors le jeune pasteur s'exprima ainsi : « Ne craignez rien de ce Philistin, j'irai le combattre. » — « Mais, répliqua le roi, ce géant est plus qu'un homme et tu n'es qu'un enfant ; il est couvert d'une cuirasse et tu es sans armes ; il est exercé au métier de la guerre, et toi tu n'entends rien. Réfléchis

7

à ce que tu dis et à ce que tu fais. » — J'ai réfléchi; je ne crains rien... j'ai déjà tué des ours et des lions j'en ferai autant au Philistin ; je veux combattre ce géant qui outrage le peuple de Dieu : le Seigneur qui m'a protégé contre les bêtes féroces, me protégera également contre lui. — « Va, dit le roi et que Dieu t'accompagne ! » Il fit alors revêtir David de ses propres armes, lui mit un casque, une cuirasse, lui donna une épée, mais le jeune pasteur gêné dans tout cet attirail nouveau pour lui, pouvait à peine marcher. Il retire à l'instant cette armure, ne conserve que ses vêtements habituels, prend sa houlette, sa fronde et six ou sept cailloux très-durs et va au devant du Philistin. Goliath le considère avec mépris et lui crie : « Suis-je un chien pour venir à moi avec un bâton ? avance seulement et ta chair servira de pâture aux corbeaux. — Tu marches, répliqua David, armé d'épée, de lance, de bouclier, et moi je n'ai pour défense que le nom du Seigneur des armées, du Dieu d'Israël que tu as insulté. Il te livrera entre mes mains et tout désarmé que je suis, je te couperai la tête. Ces deux peuples qui nous contemplent, verront qu'il y a un Dieu dans Israël. »

Goliath fait alors quelques pas en brandissant sa pique, mais le jeune pasteur met une pierre dans sa fronde et la lance si violemment qu'elle atteint le Philistin au front et lui fend le crâne ;

le géant tombe la face en avant : David se précipite sur lui et lui coupant la tête avec sa propre épée, rentre triomphant dans le camp des Juifs.

Si ce trait de David prouve que « les ennemis les plus à craindre sont souvent les plus petits » l'exemple suivant complète la pensée de La Fontaine, quand il dit :

> Aux grands périls tel a pu se soustraire,
> Qui périt pour la moindre affaire.

Richard, roi d'Angleterre, surnommé Cœur de Lion, qui fut peut-être le chevalier le plus intrépide de son temps et dont les nombreux hauts faits contre les Sarrazins ressemblent aux récits homériques, périt misérablement en attaquant une petite place appelée le château de Chaluz. Il s'approchait des murs et en faisait la reconnaissance, quand une flèche l'atteignit à l'épaule (26 mars 1199.) Malgré la douleur qu'il éprouvait, il ordonna l'assaut et s'empara de la forteresse. La blessure de Richard n'aurait pas été grave si l'extraction eut été faite avec dextérité, mais le chirurgien cassa le bois dans la plaie et la gangrène s'y mit en peu de jours : ainsi mourut cet homme de fer, qui avait résisté à quantité d'autres blessures bien plus graves en apparence.

L'ANE CHARGÉ D'ÉPONGES ET L'ANE CHARGÉ DE SEL.

(Livre II. — Fable 10.)

> ....*Il ne faut point*
> *Agir chacun de même sorte.*
> *J'en voulais venir à ce point.*

ARRESTATION DE CHARLES LE MAUVAIS (1355).

Le roi de Navarre, Charles le Mauvais, est une des plus sinistres figures du moyen âge. Encore fort jeune et couvert de crimes, il venait de faire assassiner le connétable d'Espagne et entretenait des intelligences secrètes avec les Anglais pour arrêter les négociations de paix déjà entamées, et continuer la guerre avec la France. Quoique gendre de Jean le Bon, il aurait voulu le détrôner et par ses intrigues avait mis la discorde entre le dauphin et son père. Comme l'impunité avait couronné jusque-là tous ses forfaits, il en rêvait sans cesse de nouveaux.

Le roi Jean I*er*, qui ne lui avait que trop souvent

pardonné, résolut de le châtier : il l'invite un jour à un grand repas dans son château de Rouen, et le roi de Navarre s'y rend avec une nombreuse suite. Au milieu du festin, Charles le Mauvais présente une coupe au roi Jean comme pour boire à sa santé, mais ce dernier lui lance un regard terrible et lui dit : « Que personne ne bouge sous peine de mort. » Il accompagne ces mots d'un signe, et une troupe d'hommes d'armes entrent dans la salle. A cette vue, plusieurs des courtisans de Charles le Mauvais se précipitent vers une fenêtre à balcon qui était ouverte et sautant hardiment, échappent aux archers. Charles de Navarre, qui les voit se soustraire ainsi au danger, veut les imiter ; mais ses longs vêtements sont un empêchement à sa fuite, et le roi de France lui-même le saisit et le livre aux soldats qui le conduisent en prison. On chargea de chaînes les autres compagnons de Charles le Mauvais et quatre des plus coupables furent exécutés.

LE LION ET LE RAT. — LA COLOMBE ET LA FOURMI.

(Livre II. — Fables 11 et 12.)

Il faut, autant qu'on peut, obliger tout le monde :
On a souvent besoin d'un plus petit que soi.
De cette vérité deux fables feront foi ;
    Tant la chose en preuves abonde.

LE MINISTRE D'UN ROI SAUVÉ PAR UN SIMPLE EMPLOYÉ (1830).

M. de Montbel, ministre sous le règne de Charles X, avait employé dans les bureaux du ministère des finances, un jeune homme dont la bonne conduite et l'intelligence lui avaient plu. Il lui avait même rendu quelques services dont ce jeune homme s'était montré très-reconnaissant.

A la révolution de juillet 1830, M. de Montbel fut poursuivi ; il s'échappa de Paris, se cacha dans les blés, puis rentrant dans la ville à la brune, il se rendit à une maison de fous qu'il avait visitée comme ministre. Il ne connaissait pas particulièrement le directeur, mais il le jugea bien. On lui donna le logement et la nourriture, et durant les quarante-huit heures qu'il resta en cet établissement, le jeune protégé de l'ex-ministre lui procura un passeport pour la Suisse comme artiste peintre, puis retint sa place dans la diligence de Besançon, pour y monter seulement à Sens. Il lui remit aussi un sac contenant un peu de linge, des crayons, un album et 500 francs. M. de Montbel eût bien des précautions à prendre pendant son voyage, car en ce moment d'effervescence populaire, il eut payé de sa vie la moindre imprudence. Il arriva enfin à Sens et monta en diligence au jour convenu ; il y trouva le fidèle et dévoué jeune homme qui l'accompagna ainsi sans avoir l'air de le connaître, jusqu'à Besançon. Le ministre parvint en Suisse et fut sauvé.

LE LIÈVRE ET LES GRENOUILLES.

(Livre II. — Fable 14.)

Il n'est, je le vois bien, si poltron sur la terre
Qui ne puisse trouver un plus poltron que soi.

LACHETÉ DE CHARLES LE GROS (885-888).

Les Normands assiégeaient Paris ; mais, cette ville était défendue par ses habitants dont l'opiniâtreté fut telle que le siége dura près de quatre ans non pas continus, mais par intervalles. La garnison commandée par Eudes et Robert, fils de Robert le Fort, animée par l'évêque Goslin, fit des prodiges de valeur, et les assiégeants commencèrent à se décourager.

Les Parisiens espéraient que l'empereur et roi Charles le Gros, à qui ils demandaient du secours, arriverait enfin et les délivrerait des Normands. Ce faible monarque, qui était alors en Italie, finit par sortir de son indolence et amena aux environs de Paris, une armée si formidable que les assiégés qui, de leurs murs, aperçurent cette forêt de lances occupant les buttes du Mont-de-Mars (aujourd'hui Montmartre) et paraissant aussi serrée et innombrable que les blés avant la moisson, poussèrent des cris prolongés d'allégresse dans l'espoir d'une prochaine délivrance.

Les assiégeants, au contraire, furent tellement saisis d'épouvante que beaucoup désertèrent pendant la nuit, et que leur chef songeait sérieusement à se retirer avec ses troupes quand, à sa grande surprise, arrivèrent à son camp des émissaires de Charles le Gros pour proposer la paix. Non-seulement le craintif monarque n'osait attaquer les Normands, mais il offrait de leur payer sept cents livres pesant d'argent (somme énorme pour le temps), pour qu'ils levassent le siége ; comme il ne possédait pas cette somme et qu'il ne pouvait payer que dans un temps marqué, il livrait jusque-là nos plus belles provinces au pillage des farouches enfants de la Scandinavie.

Le traité fut conclu à l'insu de l'armée et des Parisiens. Quand il fut connu, un cri d'indignation s'éleva par toute la France, et le mépris que cette capitulation honteuse inspira pour Charles, fut tel, que toutes les provinces refusèrent de lui obéir et le détrônèrent.

Après s'être flétri par cet acte de lâcheté, ce prince fut haï de tous, et ce que l'on aurait de la peine à croire si tous les historiens ne l'attestaient, il se trouva seul, absolument délaissé ; sans un valet pour le servir, sans un denier pour vivre et réduit, pour ne point mourir de misère, à accepter un canonicat et une retraite auprès de Lutpert, archevêque de Mayence. Charles le Gros mourut peu de temps après en Souabe (888).

LE COQ ET LE RENARD.

(Livre II. — Fable 15.)

. . . . C'est double plaisir de tromper le trompeur.

JEAN MAILLARD ET LE PRÉVOT MARCEL (1358).

« Le prévôt des marchands, Étienne Marcel, qui pendant la captivité de Jean le Bon avait trahi la cause du Dauphin pour servir le parti de Charles le Mauvais roi de Navarre, s'apprêtait à recevoir ce dernier dans Paris, la nuit du 31 juillet 1358. Il se proposait de faire main-basse sur tous ceux du parti contraire : hommes, femmes, enfants, personne ne devait être épargné, et, au milieu des horreurs du carnage, le Navarrais devait être proclamé roi de France. Les ordres étaient donnés, les portes garnies d'hommes du complot destinés à recevoir les soldats étrangers; à la fenêtre des maisons qu'on voulait épargner,

---

1 Ce passage est extrait de la *France illustrée par son peuple*, ouvrage écrit par mon père, H. Furcy de Bremoy, en 1835.

devait paraître un linge blanc, et les conjurés étaient avertis de porter le même signe sur eux, afin de se reconnaître. »

« Mais il y avait une association de fidèles et courageux citoyens qui cherchait secrètement à déjouer les criminels complots du prévôt des marchands. A minuit, du 30 au 31 juillet, Marcel sort de chez lui; il était observé par Jean Maillard et Pépin des Essards, qui le suivent sur le rempart d'où il allait ouvrir la porte Saint-Antoine aux hommes d'armes du roi de Navarre et aux Anglais.

— Étienne, que faites-vous ici, à cette heure? lui dit Maillard en lui barrant le passage. — Que vous importe, répond le traître; je veille à la défense de la ville. — Par Dieu, réplique le fidèle citoyen, vos intentions ne peuvent être bonnes et.... — Vous mentez..., dit le prévôt; puis il pousse un cri de ralliement, et ses partisans, qui étaient cachés, viennent à son secours. Alors Jean Maillard fend la tête à Marcel d'un coup de hache; puis, aidé de son compagnon, déploie la bannière en criant : « Aux armes ! » Les bourgeois, réveillés par le tumulte, accourent en foule. Maillard ordonne aux premiers arrivés de s'assurer des complices du prévôt, déjà parvenus à la porte, et en envoie d'autres arrêter ceux qui s'avançaient pour introduire les ennemis.

« On se bat avec acharnement; mais les conjurés sont vaincus, et la plupart mis en prison sous bonne garde. Dans la matinée, Maillard assemble le peuple aux Halles. Il raconte les forfaits de Marcel, montre le danger qu'il y aurait eu à ne pas se défaire de lui sur-le-champ ; mais pour ses complices, il fait adopter une espèce de forme judiciaire et compose un tribunal de bourgeois irréprochables. De leur avis, il condamne les prisonniers à la mort et les fait exécuter. Une députation part aussitôt pour Charenton, où était le dauphin, et le prie de rentrer dans Paris. Avant le soir, tout y était tranquille, et Maillard satisfait pouvait dire : « que c'est double plaisir de tromper un trompeur. »

LE CORBEAU VOULANT IMITER L'AIGLE.

(Livre II. — Fable 16.)

Il faut se mesurer ; la conséquence est nette :
Mal prend aux volereaux de faire les voleurs.
    L'exemple est un dangereux leurre :
Tous les mangeurs de gens ne sont pas grands seigneurs ;
Où la guêpe a passé, le moucheron demeure.

MORT DE JOACHIM MURAT (13 octobre 1815).

Joachim Murat, ce général qui s'était montré si brave, avait été égaré par l'ambition, lorsque pour conserver sa souveraineté de Naples, il entra dans une coalition qui n'avait pour but que l'envahissement de la France et la chute de Napoléon, son beau-frère et son bienfaiteur. Cette conduite souleva contre lui l'indignation de ses compatriotes. Les événements de 1814 mirent fin à cette guerre; mais Murat, qui croyait jouir du fruit de sa trahison, vit bientôt l'orage se former contre lui-même ; il fut obligé de s'enfuir de Naples et de se réfugier en Corse. A peu près vers la même époque, l'empereur quittant l'île d'Elbe débarquait à Cannes et entraînant à sa suite les troupes venues pour le combattre, reprenait, pendant les Cent jours, les rênes de l'État, pour terminer ce règne éphémère par la catastrophe de Waterloo.

Murat, que l'ambition dévorait dans sa retraite, voulut imiter le grand Napoléon dans la tentative qu'il venait de faire, et comme lui, essaya de rentrer dans ses États. Il ne réfléchit pas à l'énorme différence qui existait entre son modèle et lui : au prestige qu'inspirait le nom de l'ex-empereur sur les Français, prestige comparé avec le peu d'attachement que les Napolitains portaient à un roi étranger : « L'exemple est un dangereux leurre. » Murat ne vit qu'une couronne à reconquérir par un hardi coup de main, et réunissant quelques partisans, il prit terre avec eux à Pizzo, en Calabre.

A peine débarquait-il, qu'il fût cerné, arrêté avec une trentaine de ses compagnons et jeté dans une prison. Une commission militaire le condamna à mort, et Murat fut fusillé quelques jours après son arrivée. Conduit au supplice, il voulut commander lui-même le feu, et dit aux soldats qui le couchaient en joue : « Visez au cœur, respectez le visage. » Il mourut avec ce courage militaire qu'il eût pendant toute sa vie ; mais plus brave que clairvoyant, il confirma ce dire du poëte : « Que là ou la guêpe a passé, le moucheron demeure. »

LA CHATTE MÉTAMORPHOSÉE EN FEMME.

(Livre II. — Fable 18.)

. . . . Tant le naturel a de force!
Il se moque de tout : certain âge accompli,
Le vase est imbibé, l'étoffe a pris son pli.

LA JEUNESSE D'ACHILLE.

L'histoire grecque des temps héroïques nous dit que le jeune Achille, fils de Pelée, roi de la Phthiotide en Thessalie, fut envoyé en habit de fille à la cour de Lycomède, roi de Scyros, pour s'y tenir caché. La cause de ce déguisement venait de ce qu'un oracle avait prédit à sa mère qu'il périrait au siége de Troie, et qu'elle croyait ainsi éluder le sort qui l'attendait.

Les Grecs qui désiraient emmener Achille à la guerre, mais qui ignoraient sa retraite, chargèrent l'adroit Ulysse de la découvrir. Ce prince, déguisé en marchand, vint dans l'île de Scyros et étala sous les yeux des femmes de la cour de Lycomède, des étoffes précieuses et des bijoux qui firent leur admiration. Une épée était mêlée parmi ces objets : a cette vue le jeune homme oublia son rôle féminin : il se précipita sur le glaive, le tira du fourreau et ses yeux brillants de courage, firent reconnaître, quoique couvert des vêtements d'un autre sexe, le futur héros de la guerre de Troie : « Tant le naturel a de force ! »

LIVRE TROISIÈME

LE MEUNIER, SON FILS, ET L'ANE.

(Livre III. — Fable 1.)

Quant à vous suivez Mars, ou l'Amour, ou le prince,
Allez, venez, courez; demeurez en province;
Prenez femme, abbaye, emploi, gouvernement:
Les gens en parleront, n'en doutez nullement.

LE CARDINAL MAZARIN.

Il est peu de grands hommes qui aient été aussi diversement appréciés par les historiens que le cardinal Mazarin.

Un de ses contemporains dit « qu'il fut haï parce qu'il ne sut s'attirer ni l'estime, ni la confiance, qui sont les pivots du gouvernement. Il n'avait pas de grands vices, mais presque toutes ses vertus étaient plus ou moins infectées des défauts contraires : s'il donnait, c'était avec parcimonie ; s'il promettait, c'était dans l'intention de ne tenir qu'autant qu'il y serait forcé et sa marche était toujours tortueuse. »

Le président Hénault, de son côté, a porté le jugement suivant sur le ministre, dont la maxime favorite était : *le temps et moi*. Il le met en parallèle avec Richelieu, et dit : « Le cardinal Mazarin était aussi doux que le cardinal de Richelieu était violent ; un de ses plus grands talents fut de bien connaître les hommes. Le caractère de sa politique était plutôt la finesse et la prudence que la force. Il pensait que la force ne doit jamais être employée qu'au défaut des autres moyens ; et son esprit lui fournissait le courage conforme aux circonstances.... Il y avait dans le cardinal de Richelieu quelque chose de plus grand, de plus vaste et de moins concerté ; et dans le cardinal Mazarin, plus d'adresse, plus de mesure et moins d'écarts : on haïssait l'un et l'on se moquait de l'autre ; mais tous les deux furent les maîtres de l'État. »

L'historien Gaillard a dit également : « Il vaut certainement mieux avoir apaisé des troubles que d'en avoir fait naître ; il vaut mieux avoir terminé la guerre de trente ans, que de l'avoir entretenue et ranimée. La paix de Westphalie et celle des Pyrénées sont deux époques qui élèvent Mazarin au-dessus des plus grands ministres. »

Ce qui a immortalisé le cardinal Mazarin, c'est l'acquisition de l'Alsace. Il donna cette province à la France dans le temps que la France entière était déchaînée contre lui, et malgré la haine de ses ennemis, conduisit heureusement le timon de l'État et fit plus de bien au royaume lorsqu'il était persécuté, que dans la tranquillité d'une puissance absolue. Rien ne le décourageait, et pourtant il savait qu'il était détesté, moqué, et que son double titre de ministre et d'étranger, lui attirait l'inimitié des grands comme des petits.

Dans une occasion où la difficulté des circonstances générales obligea Mazarin à lever un nouvel impôt, le peuple le déchirait amèrement par des chansons satyriques qui parvinrent jusqu'aux oreilles du cardinal-ministre, qui dit tranquillement : « Qu'ils chantent, pourvu qu'ils paient... » Ce grand homme savait, comme le poëte, que « bien fou est de cerveau qui prétend contenter tout le monde et son père. »

LES MEMBRES ET L'ESTOMAC.

(Livre III. — Fable 2.)

Ceci peut s'appliquer à la grandeur royale.
Elle reçoit et donne, et la chose est égale.
Tout travaille pour elle, et réciproquement
Tout tire d'elle l'aliment.

HARANGUE DE MENÉNIUS AGRIPPA (l'an de Rome 259).

Des dissensions éclatèrent à Rome entre les patriciens et les plébéiens, et l'on vit alors une situation trop violente pour être durable ; c'est-à-dire un peuple sans magistrat et un sénat sans peuple. Les révoltés s'étaient retirés dans un camp à trois lieues de la capitale et leur nombre s'accroissait chaque jour : aucun candidat ne se présentait pour être consul, et la guerre extérieure était éminente.

Cependant Appius Claudius et son parti ne relâchaient rien de leurs prétentions. Le peuple, de son côté, réclamait l'abolition des dettes, le droit d'élire des tribuns défenseurs de ses prérogatives, et ne parlait rien moins que d'aller chercher loin de Rome un nouveau territoire et d'y créer un gouvernement moins rigoureux.

Après bien des contestations de part et d'autre, Ménénius Agrippa, vieillard vénérable, accompagné de neuf autres sénateurs, se rendit au camp des rebelles: on leur refusa longtemps audience; enfin ils furent admis. Ménénius annonça l'abolition des dettes usuraires, promit l'oubli du passé, réclama la paix, la concorde et la subordination, et pour faire comprendre au peuple romain combien ces vertus étaient nécessaires au bien de tous, il termina son discours par l'apologue suivant: « Un jour les membres se révoltèrent contre l'estomac ; ils l'accusaient de paresse et d'orgueil; de les laisser travailler pour lui seul et de rester dans l'inaction. Puisqu'il ne nous sert à rien, dirent-ils, passons-nous de lui et cessons de lui obéir. Les mains refusèrent de préparer les aliments ; les pieds ne voulurent plus marcher. Qu'arriva-t-il ? L'estomac épuisé ne recevant plus de nourriture, ne pouvait en donner: chacun des membres se sentit tomber en défaillance et le corps entier ne tarda pas à périr. »

Le bon sens naturel du peuple lui fit saisir l'à-propos de l'apologue de Ménénius: il lui en sut gré ; rentra dans le devoir et revint habiter Rome à condition qu'on lui permît d'élire des tribuns chargés de le protéger contre les usurpations des patriciens.

Heureux les peuples qui reconnaissent la vérité de cet axiome: « L'union fait la force. » Telle est la devise choisie par une des nations nouvellement constituée en Europe, nation remarquable par l'esprit de sagesse et de modération qui l'a fait prospérer jusqu'à présent au milieu des cataclysmes des contrées qui l'avoisinent.

LE LOUP DEVENU BERGER.

(Livre III. — Fable 3.)

Toujours par quelque endroit, fourbes se laissent prendre.
Quiconque est loup agisse en loup;
C'est le plus certain de beaucoup.

RÉVOLTE DU COSAQUE PUGATSCHEFF (1773).

Catherine II avait succédé, sur le trône de Russie, à son mari, Pierre III, qu'elle avait renversé et fait périr en prison : elle régnait déjà depuis onze ans, quand un aventurier nommé Pugatscheff, né sur les bords du Don, prit audacieusement le nom de l'époux infortuné de l'impératrice, prétendit avoir miraculeusement échappé à ses assassins, et souleva par la force de sa volonté et l'espoir d'une liberté prochaine, tous les mécontents et les esclaves des provinces méridionales.

Le faux Pierre III s'empara de Kasan, combattit avec succès les troupes de Catherine II et marcha sur Moscou : mais déjà ses partisans eux-mêmes commençaient à douter de la véracité des récits inventés par ce fourbe, et n'avaient plus la même résolution ; aussi le prince Gallitzin parvint-il à battre et à disperser l'armée de Pugatscheff, à s'emparer de sa personne et à le charger de fers. Ce cosaque imposteur fut livré au dernier supplice, et ainsi se termina, en 1775, la révolte qu'il avait allumée en Russie depuis 1773.

LES GRENOUILLES QUI DEMANDENT UN ROI.

(Livre III. — Fable 4.)

. . . . Il vous devait suffire
Que votre premier roi fut débonnaire et doux :
De celui-ci contentez-vous,
De peur d'en rencontrer un pire.

INCONSTANCE DES THESSALIENS.

Les Thessaliens furent de tous temps inconstants par caractère et mécontents de leur sort : ils semblaient dévolus d'avance aux tyrans par le destin lui-même. Jamais cette nation ne travailla pour la postérité ; ce qui fit dire aux autres Grecs : « La Thessalie n'a jamais produit ni un mauvais cheval, ni un honnête homme. » Après avoir essayé de la république, puis perdu leur liberté sous le règne de Lycophron, les Thessaliens gémissaient de leur esclavage et demandaient à grands cris que Philippe, roi de Macédoine, les gouvernât. C'est ce qui arriva lorsque ce prince devint l'arbitre de la Grèce, et les peuples de la Thessalie se trouvèrent plus esclaves que jamais : on aurait pu leur dire alors : « De ce roi-là, contentez-vous, de peur d'en rencontrer un pire. »

Ces Thessaliens ne rappellent-ils pas une de nos plus grandes nations modernes qui depuis trois quarts de siècle a essayé de tous les gouvernements, depuis le despotisme le plus rigoureux, jusqu'à la liberté (ou plutôt licence) la plus effrénée, sans se fixer d'aucune manière et surtout sans se satisfaire de sa situation ?

LE RENARD ET LE BOUC.

(Livre III. — Fable 5.)

En toute chose il faut considérer la fin.

MORT DE GASTON DE FOIX A LA BATAILLE
DE RAVENNE (11 avril 1512).

L'armée française, commandée par le jeune Gaston de Foix, duc de Nemours, que sa valeur impétueuse avait fait surnommer le *Foudre de l'Italie*, se trouvait campée auprès de Ravenne. Le combat s'engagea avec les Espagnols et les Napolitains qui attendaient leurs ennemis abrités derrière leurs retranchements. Pendant deux heures on se canonna de part et d'autre et l'artillerie espagnole fit de grands ravages dans les rangs français. Cependant quelques pièces de canon que Bayard et d'Alègre avaient fait pointer sur l'armée ennemie y portèrent un tel désordre, que les Espagnols fatigués de cette inaction, sortirent des retranchements. Pedro Navarro, à la tête de l'infanterie, se rua sur les Français, tandis que

Colona, commandant de la cavalerie, attaquait le corps de bataille où se trouvait le duc de Nemours, à la tête d'une petite troupe de gens d'armes et cherchait à l'envelopper. Le combat fut rude ; mais vu l'inégalité du nombre, les Espagnols allaient triompher, quand les archers de la garde accoururent au secours de leur général, le dégagèrent. et mirent en fuite la cavalerie ennemie.

Tandis que les *gendarmeries* de France et d'Espagne étaient aux prises, les gens de pied se battaient avec fureur, mais avec une fortune différente : les Gascons et les Picards n'avaient pu soutenir le choc de la redoutable infanterie espagnole, commandée par Pedro Navarro, et les lansquenets et les aventuriers seuls, continuaient le combat pendant que l'infanterie cherchait à se rallier. Le brave capitaine Jacob d'Empser tomba par terre frappé d'une arquebusade : il se releva en criant à ses gens: « Mes amis, servez le roi de France aussi bien qu'il nous traite, » puis il retomba mort. Son lieutenant Fabien de Schabersdorf, guerrier d'une taille gigantesque, voulut venger son capitaine, et désespéré de ne pouvoir rompre les Espagnols, qui formaient un carré hérissé de piques, tandis que les arquebusiers placés au centre, foudroyaient les rangs français, il s'aida de sa force prodigieuse et prenant sa lance par le milieu, l'appuya si lourdement sur les piques des soldats ennemis, qu'il les fit coucher à terre. Il fut à l'intant percé de mille coups; mais, ses camarades pénétrèrent dans le carré qui fut ainsi rompu. Les Espagnols se défendirent avec une rage incroyable jusqu'à ce que notre cavalerie victorieuse étant venue les prendre en flanc, ils se dispersèrent dans toutes les directions, laissant grand nombre de morts sur le terrain et leur général fait prisonnier ainsi que leurs principaux chefs.

La bataille était gagnée; la plaine n'offrait plus que des fuyards que l'armée française poursuivait: cependant un bataillon espagnol se retirait par la chaussée vers Ravenne: il était composé de douze cents hommes. Pour se frayer un passage, il chassait devant lui quelques restes des fantassins Gascons débandés pendant le commencement de l'action. Gaston de Foix, qui n'avait avec lui que quinze hommes d'armes, demanda à l'un de ces fuyards ce que c'était que cette troupe qui se retirait en bon ordre. — « Ah! monseigneur, lui répondit-il, ce sont les Espagnols qui nous ont défaits... » Le prince croyant alors que par un revers de fortune, la victoire était compromise, s'écria: « Qui m'aime me suive! » et sans réfléchir à l'imprudence qu'il y avait d'attaquer un bataillon entier sans attendre du renfort, il se précipita sur les ennemis en désespéré, comme pour leur barrer le passage.

Dans ce combat homérique, tous les chevaliers

français furent tués ou noyés, car le peu de largeur de la chaussée gênait encore leurs mouvements : Gaston de Foix fit des prodiges de valeur : son cheval ayant eu les jarrets coupés, il combattit longtemps à pied et périt percé de tant de coups qu'il avait quatorze ou quinze blessures seulement depuis le menton jusqu'au front ; son corps entier n'était qu'une plaie. Le seigneur de Lautrec, son cousin, qui le secondait avec une rare intrépidité, criait en vain aux Espagnols : « C'est le frère de votre reine ! Ne le tuez pas !... » il fut laissé pour mort à côté du prince : plus heureux que lui, il guérit quoique défiguré pour le reste de ses jours.

Ainsi périt le duc de Nemours par son imprudence et au milieu d'une victoire, à la fleur de l'âge, quand le plus bel avenir s'offrait à lui !... Il ne réfléchit pas que sa victoire ne pouvait être compromise par la retraite en bon ordre d'un bataillon ennemi et sa bouillante ardeur, son impétuosité, lui firent oublier que dans toutes choses « il faut considérer la fin. »

En recevant la nouvelle de la bataille de Ravenne, le roi Louis XII s'écria : « Plut à Dieu que j'eusse perdu tous les états que je possède en Italie et que mon neveu et tant de braves capitaines fussent encore vivants ! que le ciel dans sa colère réserve de semblables victoires à mes ennemis !

L'AIGLE, LA LAIE ET LA CHATTE.

(Livre III. — Fable 6.)

Que ne sait point ourdir une langue traîtresse
Par sa pernicieuse adresse !
Des malheurs qui sont sortis
De la boîte de Pandore,
Celui qu'à meilleur droit tout l'univers abhorre,
C'est le fourbe à mon avis.

DUPLICITÉ DU ROI LOUIS XI.

Le roi Louis XI, dans sa politique tortueuse, attaqua rarement ses ennemis en face : son adresse consistait à semer la discorde de façon à ce que ses adversaires se déchirassent entre eux. Sa vie en offre plusieurs exemples.

Profitant de la mésintelligence survenue entre les ducs de Bretagne et de Normandie, il s'empare en définitive de cette dernière province, tandis qu'il suscite adroitement la révolte des Gantois et des Brabançons contre le comte de Charolais qui s'était engagé à secourir le duc de Normandie et qui, ainsi occupé, ne peut remplir sa promesse.

Voulant se débarrasser de Charles le Téméraire qui était pour lui un ennemi très-dangereux, Louis XI s'allie avec le roi d'Angleterre, puis manœuvre de façon à ce que l'ambitieux duc de Bourgogne tourne ses armes contre les Suisses qui le vainquent et abaissent son orgueil. Enfin, pour achever de perdre son rival, il encourage, sans toutefois l'aider, comme il l'avait promis, le jeune duc René de Lorraine à rentrer dans ses états et à combattre Charles qui l'avait détrôné. Le *Téméraire,* que ses cruautés à la prise de Nesle, en Picardie, avaient fait aussi surnommer le *Terrible*, met imprudemment le siége devant Nancy, puis le 4 janvier 1476 livre une bataille aux Lorrains et aux Suisses: il est complétement vaincu et meurt pendant l'action, tandis que Louis XI (preuve évidente « de ce que peut ourdir une langue traîtresse par sa pernicieuse adresse, ») triomphe sans tirer l'épée et rit de la ruine et de l'abaissement de tous ses ennemis.

LE LOUP ET LA CIGOGNE.

(Livre III. — Fable 9.)

Allez, vous êtes une ingrate :
Ne tombez jamais sous ma patte.

LE VOLEUR PENDU, DÉPENDU ET REPENDU.

Il est bien rare qu'un méchant se repente sincèrement. Une chronique suédoise du dix-septième siècle, dit qu'un bon paysan qui revenait avec sa charrette de la ville de Stockolm, où il était allé vendre les légumes de son jardin, vit sur le grand chemin un voleur qu'on avait pendu aux branches d'un arbre pour le punir de ses méfaits. La justice était alors très-expéditive en ce pays-là, car on se la faisait souvent soi-même.

Notre paysan, en s'approchant du pendu, vit qu'il donnait encore signe de vie ; touché de compassion, il coupa la corde et aidé de ses deux fils, transporta le voleur dans sa charrette, le fit revenir à lui et l'emmena dans son logis où notre homme, fort satisfait d'être dépendu, fit les plus belles promesses pour l'avenir. Le bon vieillard, sans défiance, l'employa pour travailler aux champs; mais quelle ne fut pas sa surprise quand il s'aperçut que son soi-disant repenti, lui volait ses choux et ses pommes de terre! Le paysan l'apostropha alors vivement, mais, le voleur tirant un couteau de sa poche, s'écria : « Si tu avances, je te réserve le sort que j'ai fait subir au frère de celui qui m'a pendu... » Le villageois, malgré ses cheveux blancs, était encore vigoureux ; dans son indignation, il prit le mécréant au collet, et appelant ses deux fils à son aide, garotta le voleur, puis alla le rependre au même arbre d'où il l'avait dépendu, en disant : « Puisque tu n'as pas voulu te corriger, je te replace là où je t'ai pris. »

LE RENARD ET LES RAISINS.

(Livre III. — Fable 11.)

Ils sont trop verts, dit-il, et bons pour des goujats.
Fît-il pas mieux que de se plaindre?

L'ANGLETERRE ET LES ÉTATS-UNIS (1782).

Lorsqu'en 1774 les États-Unis d'Amérique se révoltèrent contre la mère-patrie et proclamèrent leur indépendance, l'Angleterre fit tout ce qui était en son pouvoir pour reconquérir les provinces qui lui échappaient. Quand la révolte prit des proportions formidables en 1776, on engagea dix-sept mille hommes de la Hesse et du Brunswick pour grossir les rangs de l'armée britannique, dont l'effectif fut ainsi porté à cinquante mille soldats ; mais, les insurgés faisaient preuve de tant de dévouement que luttant avec ces mercenaires, le succès ne pouvait être douteux. L'appui de la France contribua beaucoup également à l'indépendance des Américains, et en 1782 la reddition de lord Cornwallis décida du sort de la guerre.

Tout espoir de reconquérir l'Amérique fut désormais regardé par les Anglais comme une chimère; le ministère dut se retirer, et lord John Cavendish, lord Shelburne, le marquis de Rockingham, le duc de Richmond, le général Conway, Fox et Burke, tous opposés à la guerre américaine, furent membres du nouveau cabinet; on n'aspirait qu'à la paix, et si les hostilités continuèrent encore quelque temps, ce fut uniquement pour rétablir l'honneur des armes anglaises et permettre au gouvernement de traiter à des conditions moins humiliantes. Ce nouveau ministère s'efforça, même dans ses discours, de prouver qu'il était plus avantageux pour l'Angleterre de n'avoir plus sous sa dépendance les provinces d'Amérique qui lui étaient onéreuses, tandis que maintenant le commerce qui s'établirait entre les deux nations pourrait offrir de très-grands avantages : comme le renard de la fable « il trouvait trop verts les raisins qu'il ne pouvait atteindre. »

LE CYGNE ET LE CUISINIER.

(Livre III. — Fable 12.)

Ainsi dans les dangers qui nous suivent en croupe
Le doux parler ne nuit de rien.

LA REINE ZÉNOBIE ET L'EMPEREUR AURÉLIEN (272).

Zénobie, reine de Palmyre, était parvenue à ébranler, en Orient, la puissance romaine, et s'emparant de l'Égypte, avait formé le projet audacieux d'attaquer Rome en se liguant avec l'usurpateur Tétricus. Déjà elle avait gagné du terrain dans l'Asie-Mineure, s'était avancée en Cappadoce et en Bithynie, lorsque l'empereur Aurélien partit à la tête d'une puissante armée pour arrêter les progrès de l'ambitieuse reine. Il détruisit d'abord en Dalmatie le tyran Septimius; puis, au delà du Danube, tua Cannabus, roi des Goths, avec cinq mille des siens; soumit la Bithynie, et prit Antioche et plusieurs autres villes des Palmyréniens. Partout Aurélien déploya une grande sévérité pour effrayer les Barbares.

Cependant l'héroïque Zénobie livra bataille aux Romains sous les murs d'Émèse : la victoire fut vivement disputée, mais l'empereur resta vainqueur et les débris de l'armée palmyrénienne cherchèrent, sous la conduite de leur reine, un refuge dans la ville de Palmyre.

Cette ville, bien fortifiée, pouvait opposer une longue résistance. Aurélien voulut tenter la voie des négociations. Il écrivit à Zénobie en lui ordonnant de se rendre, avec promesse de lui accorder la vie et de ménager ses sujets. La reine lui répondit : « C'est par la force des armes que se terminent les guerres ; vous voulez que je me rende à vous comme si vous ignoriez que Cléopâtre autrefois a mieux aimé la mort que la servitude. »

Le siége dura longtemps ; il fut soutenu vaillamment de part et d'autre. Aurélien y fut blessé, et Zénobie y fit preuve d'une grande valeur ; ce ne fut que la disette de vivres qui mit fin à sa résistance. Néanmoins cette fière princesse ne se rendit point au vainqueur, elle résolut de s'enfuir sur les terres des Perses pour solliciter leur appui. Elle était près de gagner l'Euphrate, lorsqu'elle fut arrêtée par la cavalerie romaine et amenée à Aurélien. Ce prince irrité lui ayant demandé comment elle avait osé insulter les empereurs romains, elle lui fit cette réponse flatteuse quoique sans bassesse : « Je vous reconnais pour empereur, vous qui savez vaincre. Gallien et ses semblables ne m'ont jamais paru dignes de ce nom. »

Aurélien n'écouta pas les cris des soldats qui lui demandaient la mort de la reine de Palmyre; flatté de sa réponse (« tant il est vrai que le doux parler ne nuit de rien, ») il lui laissa la vie ainsi qu'à son fils. Quant aux ministres, aux conseillers de la reine, ils ne furent pas traités avec la même indulgence, et tous périrent dans les supplices, y compris le célèbre et infortuné Longin, dont tout le crime était d'avoir dicté à la reine la lettre dans laquelle elle avait refusé d'entrer en négociations avec l'empereur romain [1].

[1] Plusieurs passages de cet article sont extraits d'un abrégé historique intitulé : *Le nouveau Crevier de la Jeunesse*, écrit par mon père, H. Furcy de Bremoy, en 1835.

LES LOUPS ET LES BREBIS.

(Livre III. — Fable 13.)

Nous pouvons conclure de là
Qu'il faut faire aux méchants guerre continuelle.
La paix est fort bonne de soi ;
J'en conviens : mais de quoi sert-elle
Avec des ennemis sans foi ?

LA PAIX DE SAINT-GERMAIN (1570).

Après de nombreux et sanglants combats entre les catholiques et les protestants, la paix, qui dit-on, était désirée par le roi Charles IX lui-même, fut signée entre les deux partis, le 8 août 1570, à la Charité-sur-Loire et confirmée par un édit daté de Saint-Germain. Coligny, chef du parti huguenot, crut avoir agi pour le plus grand bien de ses coreligionnaires en signant ce traité, qui accordait une amnistie générale du passé, laissait quatre places de sûreté (la Rochelle, Montauban, Cognac et la Charité), entre les mains des protestants, et cela pendant deux ans, puis avec bien d'autres concessions, leur permettait le libre exercice de leur culte (excepté à Paris et à la cour), et les déclarait aptes à tous les emplois.

Cette paix, dite de Saint-Germain, fut-elle sincère de la part des catholiques? D'après Brantôme et autres contemporains, l'illustre Bossuet croit à la préméditation de la reine Catherine de Médicis, et lui attribuant des projets plus étendus encore que ceux qui furent exécutés, s'exprime ainsi : « La reine était occupée de faire périr les uns par les autres tous ceux qui lui donnaient de l'ombrage. Elle prétendait que ceux de Guise la déféraient de l'amiral, des Montmorency et des huguenots, pour ensuite périr eux-mêmes accablés par les troupes après qu'ils se seraient épuisés en ruinant leurs ennemis. Dans ce dessein, voici l'ordre qu'elle méditait pour l'exécution : elle voulait commencer par Coligny et donner au duc de Guise, son ennemi, la charge de le faire assassiner, à quoi il s'était offert. Elle ne doutait point que les huguenots et les Montmorency ne prissent les armes pour le venger : c'était un prétexte pour les perdre tous ensemble; car les Guises et les catholiques de Paris joints à eux, étaient, sans comparaison, plus forts que ces deux partis réunis : mais comme ils ne l'étaient pas assez pour les défaire sans qu'il en coutât beaucoup, et que de si braves gens ne manqueraient pas de vendre bien cher leur vie, elle espérait avoir bon marché des Guises, affaiblis dans ce combat. »

« La chose ne fut pas proposée à Charles IX dans toute son étendue : on lui parlait seulement de l'amiral, des Montmorency et des huguenots. On lui disait que jamais il n'aurait ni autorité, ni repos qu'il n'eût délivré son royaume de ces chefs de parti ; que s'il ne pouvait pas achever tout le dessein en un seul coup, ce serait toujours un grand avantage de se défaire de l'amiral qui faisait à son gré la paix ou la guerre, en rejetant la haine de l'action sur les princes de Lorraine, ses ennemis déclarés. Le roi, tout cruel qu'il était, n'entrait qu'à regret dans ce complot, car il avait un fond de droiture qui répugnait à ces noires actions : mais on l'avait gâté par de mauvaises maximes. »

Malgré cette appréciation de Bossuet, laquelle est selon nous de grande valeur, d'autres historiens, comme MM. Dufau et Capefigue, écartent toute idée de préméditation de la part de la reine Catherine et du roi Charles IX, en signant la paix de Saint-Germain : mais, ce qu'il y a de certain, c'est que deux ans après, dans la nuit du 23 au 24 août 1572, à minuit, le tocsin sonnait et que des bandes armées de sicaires qui se reconnaissaient entre eux par une manche de chemise au bras gauche et une croix blanche sur leur chapeau, se répandaient dans Paris et enfonçant les portes des maisons des protestants endormis, massacraient avec rage hommes, femmes et enfants.

Pendant ce temps, le duc de Guise se rendait chez l'amiral de Coligny et faisait tuer ce vieillard vénérable que la mort avait épargné dans tant de batailles auxquelles il avait assisté. Toutes les rues de la ville n'était plus que boucherie; on n'épargnait pas même les vieillards et les femmes enceintes, et sous le prétexte de la religion, chacun égorgeait son ennemi.

Le massacre de la Saint-Barthélemy, dura à Paris, cinq jours entiers, pendant lesquels on évalue à six mille le nombre des victimes qui furent sacrifiées : on avait expédié également le même ordre en province, et vingt-cinq à trente mille huguenots furent égorgés avec la plus atroce cruauté. N'est-il pas juste de dire ici avec le poëte :

> La paix est fort bonne de soi,
> J'en conviens : mais à quoi sert-elle
> Avec des ennemis sans foi ?

Cette odieuse perfidie n'eut même pas le résultat qu'on en attendait, car la guerre se ralluma plus terrible que jamais.

Ce qui surprend, en lisant ces pages sanglantes

de notre histoire, c'est que ce cruel massacre ait trouvé des apologistes ; qu'il fut même applaudi en Espagne, tandis que cette odieuse action soulevait dans presque tout le reste de la chrétienté, une indignation méritée.

LE LION DEVENU VIEUX.

(Livre III. — Fable 14.)

Il attend son destin, sans faire aucunes plaintes;
Quand voyant l'âne même à son antre accourir :
Ah! c'est trop, lui dit-il, je voulais bien mourir ;
Mais c'est mourir deux fois que souffrir les atteintes.

MORT DE MITHRIDATE (64 ans avant J.-C.).

Mithridate, roi de Pont, fut un des plus redoutables adversaires de Rome: il lutta souvent et parfois avec avantage contre Sylla, Lucullus et enfin contre Pompée, qui le défit complétement et l'obligea à se réfugier dans le Bosphore. Quoiqu'abandonné de tous ses alliés et même de Tigrane, son gendre, roi d'Arménie, Mithridate ne perdit pas courage: semblable à Annibal, avec lequel il offre plus d'un trait de ressemblance, il suscitait partout des ennemis aux Romains, et sa haine pour eux était implacable.

Il méditait de porter la guerre en Italie,

lorsque Pharnace, son fils, excita contre lui une révolte. Le roi de Pont, devenu vieux, se vit alors assiégé dans son propre palais par une troupe de soldats rebelles : l'indignation, la rage que lui causèrent cette attaque, lui firent considérer la mort comme la seule fin digne de lui; et ce héros, qui avait pendant trente ans résisté avec de faibles ressources aux efforts des légions romaines, se perça de son épée pour échapper aux insultes d'une soldatesque révoltée.

LA BELETTE ENTRÉE DANS UN GRENIER.

(Livre III. — Fable 17.)

Vous êtes maigre entrée, il faut maigre sortir.
Ce que je vous dis là, l'on le dit à bien d'autres;
Mais ne confondons point, par trop approfondir,
Leurs affaires avec les vôtres.

ARRESTATION DE NICOLAS FOUQUET (1661).

Nicolas Fouquet avait été nommé par Louis XIV, surintendant des finances. Cet homme dont la famille était assez obscure, était parvenu sans talents remarquables et bien jeune encore, à l'une des plus hautes charges de l'État. Ses contemporains nous le représentent comme très-superficiel, fort occupé de fêtes, de plaisirs, et fort peu des devoirs de sa position. Il crut, à la mort de Mazarin, parvenir facilement à dominer le jeune roi; mais il se trompait, car ce qui lui nuisit beaucoup dans l'esprit de Louis XIV, c'est la querelle qu'il eut, deux mois avant la mort du cardinal-ministre, dans l'antichambre même de ce dernier avec son frère l'abbé Fouquet. Cet abbé, fort violent de caractère, reprocha au surintendant des finances d'avoir dépensé quinze millions à Vaux, sans compter qu'il donnait à ses créatures plus de pensions que le roi lui-même.

Ce discours, rapporté au prince, le mit en défiance; il fit surveiller Fouquet, et l'on eut bientôt les preuves de son incurie et de ses déprédations. Louis XIV l'appela plusieurs fois près de lui, en lui demandant un compte exact des recettes et des dépenses. Fouquet embarrassé, donna alors au roi des états de sa dépense qu'il grossissait et de ses revenus qu'il diminuait, faisant ainsi la situation de l'État pire qu'elle n'était réellement. Le roi montrait, en secret, ces comptes à Colbert qui lui en faisait remarquer les faussetés avec d'autant plus de zèle que la haine qu'il portait au surintendant était très-vive.

Le fastueux et imprudent marquis de Belle-Isle donna à Vaux, le 17 août 1661, une fête tellement splendide qu'elle éclipsait toutes celles de la cour: le roi y assista et les courtisans ne manquèrent pas de lui faire remarquer ce luxe vraiment royal, cette magnificence qui effaçait la sienne et les armes du surintendant des finances qui ornaient toutes les décorations avec cette devise: *Quo non ascendam?* (où ne monterai-je pas?) Louis XIV, outré de cette profusion ne put s'empêcher de dire à la reine-mère : « Ah! madame, est-ce que nous ne ferons pas rendre gorge à tous ces gens-là ?...»

Fouquet aurait dû voir alors qu'il était perdu dans l'esprit du prince et que l'horizon était obscur et bien gros d'orage : s'il eût écouté les conseils de ses amis et ceux de la prudence, il se serait appliqué ce mot de la fable : « Vous êtes maigre entré, il faut maigre sortir, » mais sa confiance en son étoile était si grande qu'il attendit les événements et courut à pleines voiles vers sa perte.

Fouquet habitait momentanément Belle-Isle où il possédait un château fortifié avec des terres considérables. Louis XIV, venant faire un voyage en Bretagne, donna l'ordre au chef des mousquetaires d'arrêter le surintendant. On conduisit le prisonnier à la Bastille; on lui fit son procès qui dura trois ans et se termina en 1664. Fouquet fut condamné à une prison perpétuelle et enfermé dans la forteresse de Pignerol, où il mourut, en 1680, après seize ans de captivité.

LE CHAT ET LE VIEUX RAT.

(Livre III. — Fable 18.)

. . . . *J'approuve sa prudence :*
Il était expérimenté,
Et savait que la méfiance
Est mère de la sûreté.

PRISE DE TROIE (l'an 1185 avant J.-C.).

Les Grecs assiégeaient Troie depuis dix ans et avaient perdu devant ses murs l'élite de leurs guerriers sans pouvoir triompher de la vigoureuse résistance des assiégés. On prétend que conseillés par Ulysse, ils eurent recours à la ruse suivante : ils répandirent le bruit qu'ils allaient lever le siége et retourner dans leur patrie ; puis, construisirent un cheval de bois d'une taille gigantesque, en publiant que c'était une offrande consacrée à Minerve pour obtenir un heureux retour dans leurs foyers.

Ils s'embarquèrent en effet, mais au lieu de continuer leur route, ils allèrent se cacher derrière l'île déserte de Tenedos, et attendirent le résultat de leur stratagème.

Les Troyens, se croyant délivrés, se répandirent dans la campagne, et apercevant ce cheval sur la plage, voulurent l'introduire dans leur ville et le placer dans la citadelle comme une sorte de trophée. Cassandre, fille de Priam et d'Hécube, prêtresse d'Apollon, s'opposa vivement à ce que l'on fit entrer le cheval de bois dans leurs murs ; elle conseillait aux Troyens de le brûler ; qu'ils devaient se méfier de la perfidie de leurs ennemis, perfidie qu'ils avaient déjà éprouvée en plusieurs circonstances, et de se rappeler que « la méfiance est mère de la sûreté. »

Mais les Troyens ne voulurent rien entendre, ils méprisèrent les avis de Cassandre, traînèrent en triomphe le cheval de bois dans la ville, et s'endormirent dans une fausse sécurité. Pendant la nuit, qui était très-sombre, la flotte des Grecs, sous la conduite d'Agamemnon, aborda la plage troyenne dans le plus profond silence. Ils débarquèrent avec précaution et s'approchèrent des murs ; à un signal donné, les soldats que renfermaient les flancs de l'énorme machine, sortirent de leur cachette et ouvrirent la porte à leurs compatriotes. Les Grecs se répandirent alors dans Troie et en massacrèrent les habitants sans distinction d'âge ni de sexe. C'est en vain qu'Énée et plusieurs autres guerriers cherchèrent à rallier les troupes troyennes, les Grecs vainqueurs portèrent partout la ruine et la désolation, et il ne resta plus de cette ville immense qu'un monceau de cendres fumantes.

LIVRE QUATRIÈME

LE LION AMOUREUX.

(Livre IV. — Fable 1.)

Amour! Amour! quand tu nous tiens
On peut bien dire : Adieu prudence!

SAMSON ET DALILA (1119 ans avant J.-C.).

Samson, ce héros envoyé par le Seigneur pour la délivrance du peuple d'Israël, s'était tellement rendu redoutable aux Philistins, qu'ils avaient cherché par tous les moyens à s'emparer de sa personne. N'ayant pu réussir dans leurs projets par la force, ils eurent recours à la ruse.

On promit une grande récompense à une belle philistine, nommée Dalila dont Samson était épris, si elle parvenait à le livrer entre les mains de ses ennemis. Cette femme, aussi rusée que cruelle, profitant de l'ascendant que ses charmes exerçaient sur le héros juif, finit, à force de prières, de caresses et de larmes, par lui arracher le secret de sa force qui consistait, dit-on, dans ses cheveux. Dès que Dalila sut que lorsque la chevelure de Samson serait rasée, il serait privé de cette force prodigieuse qui le faisait triompher de ses adversaires, elle profita de son sommeil, lui fit couper les cheveux, et appela les soldats philistins qui lièrent Samson aussi facilement que s'il eût été un enfant.

Cette force qui s'était évanouie par une cause si futile en apparence, n'est qu'une figure employée par l'Écriture pour nous faire comprendre combien les passions et surtout l'amour, privent l'homme de toute réflexion, de toute prudence, et le font tomber ainsi dans de grands malheurs, qu'il éviterait s'il écoutait la voix de la sagesse, cette véritable force qui est un don de Dieu.

LE BERGER ET LA MER.

(Livre IV. — Fable 2.)

Je me sers de la vérité
Pour montrer, par expérience,
Qu'un sou, quand il est assuré,
Vaut mieux que cinq en espérance;
Qu'il se faut contenter de sa condition;
Qu'aux conseils de la mer et de l'ambition
Nous devons fermer les oreilles.
Pour un qui s'en louera, dix mille s'en plaindront.

TRIOMPHE ET MORT DE MASANIELLO (1646).

Thomas Aniello (Mas Aniello) était un jeune pêcheur qui vivait à Naples dans la plus obscure condition; son cœur gémissait de voir son pays courbé sous le joug espagnol et écrasé d'impôts.
Un jour il assemble ses camarades au milieu du marché; il harangue la multitude avec cette éloquence naturelle, qui parfois est plus puissante sur les masses que le plus beau talent oratoire; il peint avec une telle chaleur les vexations des

oppresseurs, leur dureté envers les Napolitains, que la foule s'arme de tout ce qui se trouve à sa portée et marche à sa suite vers le château du vice-roi. Les Espagnols, surpris par l'impétuosité et l'imprévu de cette attaque, sont vaincus, mis en fuite, et la populace s'emparant du palais, se livre pendant plusieurs jours à tous les excès. La foule déchaînée ouvrit les prisons des malfaiteurs et brûla les demeures des nobles.

Masaniello, que le peuple avait choisi pour chef, paraissait tellement enivré de son triomphe qu'il était comme accablé du poids de sa nouvelle fortune et de ses rêves d'ambition. Il sortit pourtant de son apathie momentanée et voulut intervenir pour mettre un frein aux crimes des révoltés.

« L'autorité du jeune chef fut alors méconnue par les rebelles, qui d'abord, dans les premiers jours de la révolte, obéissaient à ses moindres gestes : on le dépeignit comme un traître ; sa valeur, son dévouement à la patrie, furent oubliés presque aussitôt, et quatre assassins armés d'arquebuses, le percèrent de plusieurs balles dans une des rues de Naples. Masaniello tomba en disant : « Traîtres, ingrats ! » et expira immédiatement. La foule forcenée se jeta sur son cadavre : on lui coupa la tête, et son corps fut traîné par les rues en l'accablant d'outrages.

Le peuple napolitain regretta dès le lendemain le crime qu'il avait commis en mettant à mort son libérateur. Aussi prompt pour l'expiation que pour la vengeance, il voulut rendre aux restes de son chef les honneurs les plus grands. Le cadavre mutilé de Masaniello fut couvert du manteau royal et on le couronna de lauriers [1]. »

Si ce héros d'un jour n'avait pas voulu sortir de sa sphère, si du moins il s'était confondu dans la foule après avoir libéré sa patrie, que de maux il se serait épargné ! Sa grandeur le perdit; preuve évidente « qu'il faut se contenter de sa condition, » et que cette mer agitée qui, jusque-là avait été le théâtre de sa vie et de ses humbles occupations, était moins orageuse et moins perfide que le pouvoir dangereux de gouverner les hommes.

[1] *Les Hommes célèbres étrangers* (Bibliothèque Philippart), par C. Hygin-Furcy.

LA MOUCHE ET LA FOURMI.

(Livre IV. — Fable 3.)

Faut-il que l'amour-propre aveugle les esprits
  D'une si terrible manière !
. . . .
  Je vous enseignerai par là
Ce que c'est qu'une fausse ou véritable gloire.

LE DANSEUR VESTRIS.

Ce n'est pas sans raison que Mme Deshoulières a dit :

L'amour-propre est, hélas ! le plus sot des amours ;
Cependant des erreurs il est la plus commune.
Quelque puissant qu'on soit, en richesse, en crédit,
Quelque mauvais succès qu'ait tout ce qu'on écrit,
  Nul n'est content de sa fortune,
  Ni mécontent de son esprit.

Et comme la mouche de la fable, ce sont parfois les

plus disgraciés de la nature qui se placent eux-mêmes au premier rang, tant :

L'ignorance toujours est prête à s'admirer ! [1]

Le danseur florentin Vestris, qui brilla à l'Opéra pendant quarante ans et qui se parait du titre de *dieu de la danse*, avait une estime exagérée pour son art, qui selon lui, égalait s'il ne surpassait tous les autres. Il plaçait la danse de niveau avec les plus belles conceptions de l'esprit humain, et disait : Il n'y a que trois grands hommes en Europe : « Moi, Voltaire et Frédéric II, roi de Prusse. »

[1] Boileau.

LE JARDINIER ET SON SEIGNEUR.

(Livre IV. — Fable 4.)

Petits princes, videz vos débats entre vous :
De recourir aux rois vous seriez de grands fous.
Il ne les faut jamais engager dans vos guerres,
   Ni les faire entrer sur vos terres.

ÉTABLISSEMENT DES NORMANDS EN ITALIE (1016).

La Pouille et la Calabre restèrent sous la domination de l'empire d'Orient jusqu'au onzième siècle. A cette époque, vers 1016, quarante-deux chevaliers normands revenant d'un pèlerinage en Terre-Sainte, s'arrêtèrent à Salerne. Le duc Guaimar III les invita courtoisement à se reposer quelques jours dans son palais. La proposition fut acceptée et les hardis aventuriers traités splendidement par leur hôte, furent conviés à un banquet somptueux.

Les Normands moins enivrés par les vins délicieux de l'Italie que par l'air tiède qu'on y respire et qui semble imprégné du parfum des fleurs, racontaient bruyamment leurs voyages, leurs dangers et les nombreux coups d'épée échangés entre eux et les Sarrazins, quand ils crurent entendre dans la pièce voisine le bruit produit par le tintement de l'or et de l'argent. — « Vous ne vous trompez pas, dit le duc de Salerne, c'est le tribut que nous devons payer tous les ans aux Sarrazins et l'on est en train de compter cette somme en espèces ; mais nous n'aurons que le son de tout cet or, car demain les infidèles nous l'enlèveront. » — Par Dieu, dit le chef des Normands, cette musique est trop belle pour de pareils mécréants et il ne faut pas leur laisser enlever ainsi ce trésor: achevons notre festin et demain mes frères d'armes et moi nous les paierons en autre monnaie. »

Les Sarrazins arrivèrent en effet au jour fixé ; ils venaient sans défiance et débarquèrent presque sans armes. Les chevaliers Normands se jetèrent sur eux à l'improviste et en firent un grand massacre. Les habitants de Salerne électrisés par leur exemple se battirent vaillamment ; enfin les débris des Sarrazins vaincus se retirèrent précipitamment sur leurs galères et s'enfuirent au plus vite. La population salernitaine admira tellement l'action héroïque de ces étrangers, qu'elle leur fit une magnifique ovation : elle disait qu'ils étaient dignes d'être les maîtres puisqu'ils savaient si bien protéger et défendre.

Cependant les Normands voulaient retourner dans leur patrie et firent leurs apprêts de départ; moins désintéressés pourtant qu'on ne le croyait au premier abord, ils acceptèrent les présents de Guaimar et partirent de la Pouille avec les sommes qui étaient destinées aux Sarrasins et qui ne firent ainsi que changer de maîtres.

A leur retour en Neustrie avec leur riche butin, ils dépeignirent avec feu la magnificence de l'Italie, la beauté, la douceur de son climat et enflammèrent l'esprit aventurier de leurs compatriotes. Bientôt des expéditions successives eurent lieu sur les côtes de Naples, où d'amis qu'ils avaient été d'abord, les Normands devinrent ennemis, puis conquérants; si bien qu'en 1059, Robert Guiscard, un de leurs chefs, s'empara de cette partie de l'Italie et prit le titre de duc de Pouille et de Calabre, titre qui lui fut confirmé par le pape.

C'est ainsi que par l'imprudence des princes d'Orient, le secours apparent que les Normands leur rendirent contre les Sarrazins, ne fut profitable qu'à eux seuls et qu'ils établirent la dynastie dite normande dans ce beau pays qu'on appela longtemps le royaume des Deux-Siciles. Le duc de Salerne, s'il eût été sage, n'aurait pas dû « les engager dans ses guerres et surtout, ne point les faire entrer sur ses terres. »

L'ANE ET LE PETIT CHIEN.

(Livre IV. — Fable 5.)

Ne forçons point notre talent ;
Nous ne ferions rien avec grâce :
Jamais un lourdaud, quoi qu'il fasse,
Ne saurait passer pour galant.

JEAN BART A LA COUR.

Jean Bart, si célèbre par tant d'actes de bravoure et de dévouement qui lui avaient mérité les faveurs de Louis XIV, jugea en 1697, qu'il devait aller à la cour pour l'en remercier. Le grand roi avait également témoigné le désir de voir le marin dont les exploits légendaires faisaient trembler les Anglais et les Espagnols.

Ce ne fut pas sans quelque hésitation que cet homme franc, simple, mais grossier, parce que dès son enfance il avait vécu avec les gens de mer, se résolut à aller à Versailles et à paraître à la cour. Suivant les avis du chevalier de Forbin, voulant imiter les petits marquis de *l'œil-de-bœuf*, il se fit faire un costume fort riche de drap d'or doublé de drap d'argent, qui n'était pas, dit-on, du meilleur goût, mais c'était le plus cher de tous ceux qui lui furent offerts et c'est ce qui le fit choisir par le brave marin : le reste des ajustements, les rubans, le chapeau, répondaient à cette exagération d'élégance, et Jean Bart, ainsi habillé, crut qu'il avait acheté en même temps que le costume, l'art de se présenter avec grâce, de saluer à propos et de s'énoncer suivant les règles grammaticales.

Au jour fixé, Jean Bart, en grande tenue, se présente avant le jour pour entrer chez le roi. Malgré la lettre d'introduction qu'il exhibe et qui n'émanait rien moins que d'un des personnages les plus importants de la cour, l'huissier ne juge pas, et avec raison, qu'il soit convenable d'introduire ce gentilhomme si pressé, et lui observe qu'il doit attendre dans l'antichambre. Notre héros s'y installe en grommelant, s'assied, tire son briquet et se met à fumer tranquillement sa pipe, au grand scandale de l'huissier qui lui ordonne de sortir; mais le brave marin lui rit au nez et continue à lancer des bouffées de tabac, ce qui oblige tous les assistants, étonnés de voir un homme assez hardi pour prendre une pareille liberté, à aller chercher les gardes de service qui ne tardent pas à arriver et enjoignent au récalcitrant de sortir sur l'heure, attendu qu'il n'est pas permis de fumer dans le palais. Jean Bart leur répond avec sang-froid : « J'ai contracté cette habitude au service de mon maître, elle est devenue un besoin pour moi et je crois mon prince trop juste pour trouver mauvais que j'y satisfasse : » puis le marin continue à fumer. Le tapage devient alors si grand que de salle en salle il arrive jusqu'aux oreilles du roi qui dit en riant : « Je parie que c'est Jean Bart, laissez-le faire. »

Lorsque l'audacieux corsaire fut introduit près de Louis XIV, celui-ci lui dit : « M. Jean Bart, il n'est permis qu'à vous de fumer chez moi. » Le marin fit un signe de remercîment, puis le roi voyant qu'il attendrait longtemps le compliment de Jean Bart, lui dit sans autre préambule : — « Je viens de vous nommer chef d'escadre. » — Sire, vous avez bien fait, répliqua le marin. Cette réponse excita le rire des courtisans, malgré l'admiration que ce héros leur inspirait par ses hauts faits. Le roi qui voulut faire cesser cette hilarité, ajouta : « Messieurs, vous n'avez pas compris Jean Bart ; sa réponse est celle d'un homme qui sait ce qu'il vaut et qui compte m'en donner de nouvelles preuves. »

Enfin le brave Dunkerquois, après avoir reçu du prince l'accueil le plus bienveillant, songea à se retirer ; car ses vêtements, dit la chronique, le gênaient horriblement : il salua maladroitement à droite et à gauche, à la grande satisfaction des courtisans, qui déjà l'avaient surnommé *l'ours*, ce qui n'empêcha pas plusieurs d'entre eux d'accompagner le protégé du grand roi jusque dans la salle voisine, tout en le comblant de marques de respect et de politesse qui étaient trop grandes pour ne pas être dérisoires. Jean Bart n'en fut pas dupe, mais il feignit de les croire sincères. Un des courtisans les plus moqueurs, témoigna alors au chef d'escadre la surprise que lui causait la façon dont il était sorti de Dunkerque quand ce port était bloqué par les Anglais: les autres jeunes étourdis l'imitèrent et demandèrent au corsaire comment il avait fait. Celui-ci leur dit de se ranger en ligne, puis alors, il se précipite sur eux, les écarte à coups de coude, à coups de poing, renverse les uns, froisse les vêtements des autres, puis, passant au milieu d'eux en courant, leur rit au nez et dit : « Voilà comme j'ai fait... »

Les courtisans feignirent aussi de rire tout en se frottant l'un la tête, l'autre l'estomac et en rajustant leurs effets en désordre; mais ils furent, à leur tour, la risée des spectateurs qui ne manquèrent pas de raconter l'histoire à Louis XIV; il se moqua d'eux également et ajouta : « Jean Bart me parle bien un peu grossièrement, mais il agit très-noblement avec moi. »

Cependant notre héros avait compris que l'air de

la cour n'était pas fait pour lui ; il se sentait mal à l'aise sur les parquets cirés de Versailles et préférait le tangage du vaisseau : il quitta donc bien vite son costume de courtisan pour reprendre ses habits de marin et vola à de nouveaux travaux, c'est-à-dire à de nouveaux triomphes.

LE COMBAT DES RATS ET DES BELETTES.

(Livre IV. — Fable 6.)

Une tête empanachée
N'est pas petit embarras.

. . . .

Les petits, en toute affaire,
Esquivent fort aisément :

Les grands ne le peuvent faire.

JEAN LE BON A LA BATAILLE DE POITIERS
(19 septembre 1356).

Le Prince-Noir, fils du roi d'Angleterre, se trouvant cerné par les Français, s'était retiré sur une petite hauteur, près de Poitiers : son armée se composait seulement de deux mille hommes d'armes, quatre mille archers et quinze cents aventuriers ; comme il savait que les ennemis comptaient près de soixante mille soldats, il évitait le combat en plaine, s'était retranché dans son camp au milieu des buissons et des vignes et l'avait entouré de fossés et de palissades, ce qui en rendait l'approche impossible à la cavalerie. On ne pouvait y arriver que par un chemin creux bordé de deux haies épaisses, et si étroit que trois cavaliers y passaient à peine de front.

Jean le Bon, accompagné de ses quatre fils, avait sous ses ordres la fleur de la chevalerie de France, mais la majorité de ses troupes était mal disciplinée et peu aguerrie. Se confiant sur la force numérique de son armée, il oublia les règles de la prudence et conçut le projet de forcer dans leurs retranchements des adversaires qu'il aurait pu vaincre sans combattre, rien qu'en les cernant, puisque les Anglais, manquant de vivres, auraient forcément dû se rendre ou descendre en plaine, ce qui était chanceux pour eux, vu le nombre des Français.

Le roi Jean, mauvais capitaine, mais le plus brave chevalier de son armée, crut de son honneur d'attaquer l'ennemi, et trois cents hommes d'armes entrèrent dans cet étroit sentier pour marcher aux Anglais. A peine y étaient-ils engagés, que des archers retranchés dans les haies, les accablaient de flèches tirées à bout portant, qui transperçaient d'outre en outre les hommes ou les chevaux, ce qui produisit un tel désordre, que l'amoncellement des cadavres des premiers rangs, empêcha la colonne d'avancer et la força à rester ainsi exposée sans combattre aux traits des arbalétriers : elle fut entièrement massacrée. Pour comble de malheur, les fantassins qui avaient suivi les chevaliers, se trouvent engagés dans le défilé et accroissent le désordre : ils cherchent à reculer, mais ils sont pris à dos par six cents cavaliers anglais que le Prince-Noir avait cachés au revers de la colline.

La terreur se répand alors dans les bataillons français, et les troupes du dauphin se débandent pendant que celles du duc d'Orléans prennent lâchement la fuite avec leur chef. Il ne reste bientôt plus dans la plaine qu'un escadron de cavalerie allemande, et la division conduite par Jean le Bon, dont tous les chevaliers étaient à pied, car on avait cru les chevaux inutiles pour combattre dans un espace resserré et embarrassé de vignes.

Le roi de France, remarquable entre tous ses hommes d'armes par sa haute taille, son air martial, tenait à la main une pesante hache à deux tranchants; son plus jeune fils Philippe, âgé de quatorze ans, était à ses côtés; les trois autres avaient été retirés de la mêlée par les seigneurs chargés de les accompagner, et on les avait forcés à s'éloigner.

Cependant le prince de Galles, descendant de la colline, avait ordonné à ses hommes d'armes de monter à cheval, et chargeait avec eux les Français déjà ébranlés. Bientôt les Allemands s'enfuirent et tous les historiens conviennent que si la quatrième partie de notre armée avait combattu comme son roi, elle aurait remporté la victoire; mais la difficulté de lutter à pied avec des armes pesantes et des lances qu'on avait fait raccourcir, contre les chevaliers anglais qui étaient bien montés, présentait un tel désavantage, que bientôt le roi Jean, abandonné des deux tiers de ses troupes et n'ayant plus que ses compagnons les plus dévoués, se trouva entouré par la division du Captal de Buch. Il ne lui vint pas un moment la pensée de reculer; il voulait sauver l'honneur français s'il ne pouvait sauver la France. Pendant qu'une quantité de fuyards, croyant s'échapper, allaient se faire massacrer en essayant de rentrer à Poitiers, le roi chevalier, la tête nue, car il avait perdu son casque, et quoique blessé deux fois au visage, abattait à coups de hache tout ce qui était devant lui. Incapable de crainte pour lui-même, il s'attendrit sur son jeune fils déjà blessé en parant les coups qu'on portait à son père; il voulut éloigner le noble enfant, et le confia à quelques seigneurs; mais Philippe s'échappa d'entre leurs mains, et revint auprès de Jean le Bon, malgré ses ordres. Comme il n'avait pas assez de force pour combattre, il veillait aux jours du monarque en lui criant : « Mon père, prenez garde, à droite, à gauche, derrière vous... » suivant qu'il voyait un ennemi s'approcher.

Le porte oriflamme venait de tomber mort aux pieds de son prince; il serrait encore convulsivement la bannière aux fleurs de lys; les chevaliers restés fidèles à leur devoir étaient presque tous abattus; percés de coups, ils se roulaient dans la poussière, cherchaient à se relever, puis tombaient morts sans articuler une plainte. Le roi Jean seul, debout, représentait encore la France; il était comme un chêne frappé par l'orage, mais non déraciné... Comme il était grand dans son désespoir héroïque! comme il était encore redoutable au milieu des débris qui l'environnaient!... De toutes parts on lui criait de se rendre; ses armes étaient brisées, sa cuirasse faussée, il perdait son sang par plusieurs blessures, mais il n'écoutait rien; il appelait la mort.

« Sire, au nom de Dieu, rendez-vous! lui dit en français un chevalier qui sortit des rangs ennemis. Le roi étonné baissa sa hache et répondit : « A qui me rendrai-je? où est mon cousin le prince de Galles? si je le voyais, je parlerais. — Il n'est pas ici, dit l'inconnu, rendez-vous à moi et je vous conduirai près de lui. — Mais qui êtes-vous? — Je suis Denis, seigneur de Morbec, et je ne sers les Anglais que parce que j'ai été banni de France. Jean ôta son gant, le jeta au chevalier et dit : « Je me rends à vous. »

On amena le roi et le dauphin devant le Prince-Noir qui sortit de sa tente pour les recevoir, et adressa à Jean les paroles suivantes : « Cher Sire, ne vous laissez pas abattre, si Dieu n'a pas voulu faire aujourd'hui ce que vous désiriez. Vous devez au contraire vous réjouir, car vous avez acquis le haut renom de prouesse; vous avez surpassé tous ceux de votre côté. » Sa courtoisie fut telle qu'elle étonna les prisonniers présents à cette entrevue. Le général anglais fit préparer un grand repas où Jean le Bon et son fils s'assirent avec quelques illustres captifs, parmi lesquels on cite : Jacques de Bourbon, Jean d'Artois, les comtes de Tancarville, d'Estampes, de Graville, et le seigneur de Parthenay. Le prince de Galles servit lui-même le roi prisonnier et refusa constamment de s'asseoir à sa table, en disant qu'il n'était pas assez présomptueux pour se croire l'égal d'un si grand monarque et d'un si vaillant homme.

Aucune plainte ne s'était échappée de la bouche du roi Jean pendant le combat; il n'avait montré après sa défaite aucun signe de faiblesse, et supportait son malheur avec noblesse ; mais quand il vit la générosité avec laquelle le traitait le fils du souverain anglais, il pleura d'attendrissement, et le banquet fut un moment interrompu. Ces grandes âmes se comprenaient : Jean, quoique vaincu, était un héros, et le Prince-Noir vainqueur, remporta par sa magnanimité, une seconde victoire aussi brillante que la première.

Le roi de France fut retenu six mois comme prisonnier à Bordeaux; puis de là on le conduisit en Angleterre où il resta en prison pendant près de quatre ans, tandis que tous ceux qui avaient été pris avec lui étaient déjà rendus à leur patrie et à leur famille. Ce fait prouve bien la vérité de la fable de La Fontaine que « les petits en toute affaire, s'esquivent fort aisément, les grands ne le peuvent faire. » Nous ajoutons même ne le *doivent* faire, malgré bien des exemples modernes qu'on pourrait nous alléguer et auxquels nous répondrons simplement par cet axiome de nos pères : Fais ce que dois, advienne que pourra !...

LE SINGE ET LE DAUPHIN.

(Livre IV. — Fable 7.)

*De telles gens il est beaucoup
Qui prendraient Vaugirard pour Rome,
Et qui, caquetant au plus dru,
Parlent de tout, et n'ont rien vu.*

APELLE ET LE CORDONNIER.

L'auteur veut critiquer dans cette fable les nombreuses espèces de babillards que présente l'humanité : les uns parlent sans but et sans utilité et ne sont qu'importuns ; mais l'espèce la plus désagréable des bavards inutiles, est celle de ceux qui font les connaisseurs, parlent de tout sans avoir rien approfondi et discutent religion, morale et politique, aussi bien que littérature, théâtre et modes. Ces êtres, plus dangereux qu'on ne le pense, sont bien les vrais singes que décrit La Fontaine : « ils parlent de tout et n'ont rien vu. »

Apelle, ce peintre grec si célèbre, avait l'habitude, lorsqu'il avait achevé un tableau, de l'exposer sur la galerie de sa maison aux regards des passants ; caché derrière la toile, il écoutait la critique des spectateurs afin de corriger les défauts de ses œuvres. Un cordonnier passant un jour devant la demeure d'Apelle, observa avec justesse que le peintre avait mis une courroie de moins aux sandales d'une figure ; le peintre fit disparaître cette légère imperfection.

Le lendemain notre cordonnier, tout fier de voir que le grand artiste avait tenu compte de son observation, se mit à critiquer, à tort et à travers, la main de cette figure-ci et la jambe de celle-là. Apelle, indigné de son ignorance, sortit de sa cachette et lui dit avec mépris : « Arrête, et ne t'avise pas de passer la sandale. » Ce *ne sutor ultrà crepidam* doit être appliqué à tous ceux qui s'ingèrent de parler de ce qu'ils n'entendent point, et le nombre en est très-grand dans notre Athènes moderne.

LE GEAI PARÉ DES PLUMES DU PAON.

(Livre IV. — Fable 9.)

Il est assez de geais à deux pieds comme lui,
Qui se parent souvent des dépouilles d'autrui,
Et que l'on nomme plagiaires.
Je m'en tais, et ne veux leur causer nul ennui :
Ce ne sont pas là mes affaires.

CHRISTOPHE COLOMB ET AMERIC VESPUCE
(1492-1497).

Parmi les nombreuses injustices commises envers les grands hommes qui ont illustré l'humanité, l'une des plus remarquables et des plus révoltantes c'est d'avoir donné à l'Amérique le nom d'un navigateur heureux, au lieu de celui de l'homme extraordinaire qui le premier découvrit les terres du nouveau monde. Le nouvel hémisphère devrait se nommer la *Colombie*, nom qui a été donné à une petite portion seulement de l'Amérique méridionale ;

et chaque fois que nous prononçons le nom de l'Amérique nous devrions rougir de l'injustice des contemporains de Christophe Colomb. Est-ce donc un des priviléges du génie d'être malheureux ici-bas ou supplanté par l'intrigue ? Le clinquant vaut-il mieux que l'or ?

Améric Vespuce, florentin appartenant à une famille illustre, était un navigateur entreprenant. Lorsqu'il apprit que Colomb avait découvert un autre hémisphère, il conçut le projet de participer à sa gloire. Il partit de Cadix en 1497 avec quatre vaisseaux que lui confia le roi d'Espagne et aborda sur le continent même du nouveau monde, et c'est par cette circonstance qu'il donna son nom à l'Amérique, ce qui n'est ni juste, ni fondé, car les îles de San-Salvador, Conception, Isabella, puis enfin Haïti (St-Domingue), une fois découvertes, en 1492, par l'immortel génois, le continent qui n'en est que peu éloigné, devait forcément l'être, et ce continent sur lequel Améric Vespuce débarqua, était découvert presque en même temps sur un autre point [1] par le navigateur portugais Pierre Alvarez Cabral, qui pourtant ne donna même pas son nom à ce pays.

Pourquoi les contemporains de Christophe Colomb ont-ils permis que ce grand homme fut privé de la gloire qui lui revenait et qu'un aventurier

---

[1] Le Brésil, découvert en 1500.

plus heureux se parât des plumes du paon? C'est bien là l'application du *sic vos, non vobis* et l'un de ces innombrables triomphes de l'intrigue sur le talent. Quel livre ne ferait-on pas sur tous ces déshérités d'une gloire si bien acquise! que la liste en est nombreuse et qu'elle honore peu le genre humain! Gresset a eu raison de dire:

> L'homme est ingrat dès le berceau,
> Jeune, sait-il aimer ses maîtres?
> Leurs bienfaits lui sont un fardeau!
> . . . .
> Vieux enfin, rendez-lui service,
> Selon lui c'est une justice,
> Il vit superbe, il meurt ingrat.

LE CHAMEAU ET LES BATONS FLOTTANTS.

(Livre IV. — Fable 10.)

J'en sais beaucoup, de par le monde,
A qui ceci conviendrait bien :
De loin, c'est quelque chose; et de près, ce n'est rien.

L'ARMÉE DE XERXÈS (l'an 480 avant J.-C.).

L'année 480 avant J.-C., Xerxès, roi des Perses, désirant venger l'affront reçu dix ans auparavant par ses compatriotes à la bataille de Marathon, se mit en campagne pour conquérir la Grèce. Son armée se composait de dix-sept cent mille fantassins et de quatre-vingt mille cavaliers; vingt mille Arabes conduisaient les bagages et il ne lui fallut pas moins de sept jours et de sept nuits pour faire traverser à cette multitude le détroit de l'Hellespont qui est cependant fort étroit. Sa flotte se composait de douze cent sept galères à trois rangs ayant chacune deux cents hommes d'équipage. Le nombre total des officiers et matelots était de deux cent quarante et un mille quatre cents. Les bâtiments de charge portaient deux cent quarante mille hommes environ. Ces forces s'augmentèrent encore de trois cent mille combattants appartenant à la Macédoine, à la Thrace et autres pays tributaires de la Perse, et de vingt-quatre mille matelots.

Par tous les pays où passait cette armée, la disette se faisait sentir ; l'herbe y était séchée par les pas des hommes ou dévorée par les chevaux : les moissons et les vignobles étaient détruits. La renommée précédait au loin le formidable monarque et semait par toute la Grèce l'épouvante et la terreur. Comment résister, disaient les esprits timorés, à ce géant de puissance, à cette armée presque innombrable qui va nous envelopper quand nous ne disposons que de soixante mille guerriers ?

Xerxès ne pouvait pénétrer dans l'Attique que par un étroit défilé nommé le pas des Thermopyles, qui était défendu par Léonidas et que les Perses ne purent enlever de force en y perdant plus de vingt mille des leurs, tandis que le roi de Sparte et ses trois cents compatriotes périssaient glorieusement pour leur pays. Les Perses ne parvinrent à franchir le défilé que par la trahison d'un Trachinien qui leur indiqua un passage secret dans les montagnes.

Après la bataille des Thermopyles, Xerxès vit sa flotte détruite à Salamine : convaincu qu'il avait beaucoup d'hommes sous ses ordres, mais peu de soldats, et fatigué de cette guerre, il revint en Perse, en traversant à la hâte et presque en fugitif ces mêmes contrées qu'il avait étonnées par sa magnificence et par l'appareil pompeux de sa puissance, car cette armée si nombreuse et que la renommée dépeignait comme si redoutable, pouvait s'appliquer la fable des bâtons flottants sur l'onde : « De loin, c'est quelque chose, et de près, ce n'est rien. »

LA GRENOUILLE ET LE RAT.

(Livre IV. — Fable 11.)

La ruse la mieux ourdie
Peut nuire à son inventeur;
Et souvent la perfidie
Retourne sur son auteur.

HENRI III ET JACQUES CLÉMENT (1589).

Henri III, découvrant les projets ambitieux du duc de Guise, l'avait attiré dans un guet-apens et l'avait fait assassiner le 23 décembre 1588; le meurtre du cardinal de Guise suivit bientôt celui de son frère, tant il est vrai que :

> Dans le crime il suffit qu'une fois l'on débute ;
> Une chute toujours attire une autre chute [1].

Ces forfaits au lieu de décourager les partisans des ambitieux princes lorrains, ne firent que les exaspérer, et tous les ligueurs se soulevèrent en

---

[1] Boileau.

criant vengeance. Le prédicateur Lincestre déclara que Henri III n'était plus roi des Français, et le parlement rendit un arrêt contre les meurtriers du duc et du cardinal de Guise. La rage devint telle qu'un certain nombre de rebelles jurèrent de poursuivre la vengeance de la mort des Guise, et signèrent ce serment de leur sang.

Privé des conseils de sa mère Catherine de Médicis, qui venait de mourir, abandonné par les principaux seigneurs de sa cour, Henri III se retira à Tours, et prit le parti de s'unir au roi de Navarre en concluant avec lui une paix définitive et une alliance publique. Il terminait ainsi la discorde avec le parti huguenot, et pensait avec l'aide du Béarnais, soumettre la Ligue. Les deux princes réunirent leurs forces qui s'élevaient à quarante mille hommes, et marchèrent sur Paris qui s'était révolté : leur quartier général était à St-Cloud, et ils faisaient leurs préparatifs pour donner à la capitale un assaut définitif qui avait été fixé au 2 août 1589.

Parmi les nombreux religieux de l'ordre de Saint-Dominique qui se trouvaient renfermés dans Paris, il y avait un jeune jacobin nommé Jacques Clément, qui se distinguait entre tous par son exaltation. Aussi fanatique que libertin, ignorant et grossier comme l'étaient alors la plupart des moines qui excitaient la haine des partis au lieu de chercher à l'apaiser, ce misérable conçut le projet d'assassiner Henri III : il croyait par là faire une œuvre agréable à Dieu. Il communiqua son projet à Bourgoin, prieur de son couvent, qui l'encouragea à l'exécuter; c'était, disait-il, œuvre méritoire de tuer ce roi qui s'était uni aux hérétiques. Les Seize qui gouvernaient alors Paris, furent instruits des intentions de Jacques Clément, ainsi que les ducs de Mayenne et d'Aumale, et la duchesse de Montpensier (Catherine-Marie de Lorraine); tous le poussèrent au meurtre, et lui promirent qu'il deviendrait cardinal s'il survivait au roi : que, s'il périssait, il aurait eu la gloire de sauver sa patrie, et serait mis au nombre des saints.

Grâce à leurs protections, on lui fournit un passeport signé du comte de Brienne, et une lettre d'Achille de Harlay, adressée au prince lui-même. Ces deux fidèles serviteurs, alors prisonniers des Ligueurs, avaient été trompés par de vils intrigants, et ne croyaient pas servir les intentions d'un lâche assassin. Les Seize conseillèrent même à Jacques Clément de rejeter adroitement le meurtre, après l'avoir commis, sur le comte de Soissons afin, disaient-ils, de rendre la cause du roi de Navarre plus odieuse encore.

Un moine se présenta le 31 juillet 1589 aux avant-postes de l'armée royale à Saint-Cloud ; il demandait à parler au roi Henri III, à qui il apportait des nouvelles de quelques-uns de ses serviteurs de Paris. Conduit par deux soldats devant La Guesle, qui commandait cet endroit-là, il exhiba son passeport, puis montra la lettre du président de Harlay. Soumis à un interrogatoire, il répondit de la manière la plus naturelle, et quand le commandant, toujours en méfiance, lui demanda si le président ne lui avait pas confié quelque signe ou marque pour le faire reconnaître, il montra un petit billet en langue italienne (billet qui depuis fut reconnu pour être d'écriture contrefaite), dans lequel M. de Harlay disait : « Sire, ce présent porteur vous fera connaître l'état de vos serviteurs, et la façon dont ils sont traités, ce qui ne leur ôte pas néanmoins la volonté de vous servir, et qui sont en plus grand nombre que votre Majesté peut-être n'estime : il se présente une belle occasion sur laquelle il vous plaira faire entendre votre volonté, vous suppliant de croire ce présent porteur en tout ce qu'il vous dira. » Ce billet était signé d'une croix enfermée dans un O.

La Guesle alla trouver Henri III qui lui dit de lui amener le jacobin, le lendemain de six à sept heures du matin. Comme il était tard, Jacques Clément demeura au logis du commandant, soupa gaiement avec des soldats, et se servit pour couper son pain et ses aliments d'un couteau qu'il avait sur lui. Un sergent, tout en causant à table, lui dit tout à coup : « On prétend qu'il y a six ou sept frères de votre ordre, qui ont l'intention de tuer notre roi. — Ah ! répondit froidement le moine sans changer de couleur, il y en a dans notre ordre de bons et de mauvais, comme dans tous les autres....

Le lendemain, 1ᵉʳ août 1589, La Guesle introduisit Jacques Clément près de Henri III qui venait de se lever ; il exhiba le passeport, la lettre et le billet que le roi crut de l'écriture du président. Il fit alors signe à l'inconnu de s'approcher. Comme son introducteur et le grand écuyer étaient dans la chambre, le moine dit que ce qu'il avait à communiquer devait être confié au roi seul. La Guesle lui répliqua qu'il n'avait qu'à parler haut, et qu'il n'y avait là que des serviteurs de sa Majesté ; mais Clément insista pour parler en secret. Le fidèle serviteur observa même au prince « qu'il n'était besoin qu'il approchât de si près, » mais celui-ci, sans défiance, passa de la place où il était, à celle de son écuyer, et étant assis, il prêtait l'oreille à ce que lui disait le jacobin agenouillé qui, profitant du moment où les deux personnes présentes étaient dans le fonds de l'appartement, tira brusquement son couteau de sa manche, et le plongea tout entier dans le ventre du roi. « Malheureux ! que t'avais-je fait pour m'assassiner ainsi ! dit Henri III ; puis, arrachant le couteau de la plaie, il en frappa Jacques Clément au front. La Guesle et l'écuyer se précipitèrent sur l'assassin, lui donnèrent de grands coups dans l'estomac avec le pommeau de leurs épées, et le jetèrent dans la ruelle pour voler au secours du prince mourant. Pendant ce temps-là les gardes attirés par le bruit entrèrent, et malgré les cris de La Guesle, qui disait d'arrêter seulement l'assassin mais de ne pas le tuer, leur exaspération fut telle qu'ils le clouèrent à terre à coups de dague, d'épée et de hallebarde, digne châtiment de son forfait.

On porta le roi sur son lit : les chirurgiens crurent d'abord qu'il guérirait de sa blessure; mais il en mourut le lendemain, retrouvant à ses derniers moments le courage et la fermeté qu'il avait eus dans sa jeunesse, lorsqu'il avait triomphé à Jarnac et à Montcontour. Sa mort fut une expiation du crime récent qu'il avait commis en faisant assassiner les Guise. Quant au misérable Jacques Clément, qui ne fut ni cardinal ni saint, comme on le lui avait fait espérer, on lui peut appliquer les deux derniers vers de la fable de La Fontaine :

> . . . . Souvent la perfidie
> Retourne sur son auteur.

Et ce n'est que justice.

TRIBUT ENVOYÉ PAR LES ANIMAUX A ALEXANDRE.

(Livre IV. — Fable 12.)

. . . . C'eût été lion contre lion ;
Et le proverbe dit : Corsaires à corsaires,
L'un l'autre s'attaquant, ne font pas leurs affaires.

TAMERLAN ET BAJAZET Ier (1402).

Il est des hommes dont le nom seul indique un fléau de l'humanité. Semblables aux épidémies, ils sont envoyés sur la terre par la Providence, comme un châtiment pour nous faire expier nos crimes et traînent après eux l'incendie, la destruction et la mort. Parmi ces fléaux dévastateurs, nous citerons Attila, Gengis-Kan, Tamerlan, Bajazet. Ces deux derniers se sont entrechoqués dans leur course rapide et l'un d'eux a été renversé pour ne plus se relever, tant est vrai le proverbe qui dit: « Corsaires à corsaires, l'un l'autre s'attaquant ne font pas leurs affaires. »

Bajazet Ier, sultan des Turcs, commença son règne en faisant mettre à mort son jeune frère; il enleva aux chrétiens la Thessalie, la Macédoine, la Bulgarie et soumit toutes les principautés asiatiques. Ses conquêtes inquiétèrent tellement l'Europe toute entière que Sigismond, roi de Hongrie, implora le secours des autres souverains.

Jean sans Peur, duc de Nevers, et le célèbre Boucicaut, maréchal de France, formèrent une espèce de croisade et secoururent leurs frères d'Orient avec deux mille chevaliers: une bataille fut livrée à Nicopolis en 1396 et les chrétiens furent tous massacrés ou chargés de fers. Bajazet vainqueur, assiégea Constantinople et aurait détruit l'empire grec, s'il n'avait été forcé de marcher contre Tamerlan qui s'avançait avec une formidable armée pour le combattre.

Cet empereur des Tartares avait soumis la Perse, subjugué les Parthes, pris Bagdad et traversé les Indes en s'emparant des trésors du Mogol. Bagdad s'étant révolté, il avait livré la ville au pillage et détruit quatre-vingt mille hommes. Il prit ensuite la Mésopotamie, l'Égypte et la Syrie, et comme Manuel, empereur des Grecs, implora son secours contre le sultan des Turcs, il déclara la guerre à Bajazet.

Les deux armées, semblables à des torrents dévastateurs, s'entrechoquèrent à Ancyre, en Phrygie, en 1402. La bataille dura trois jours et fut des plus meurtrières: enfin Bajazet, totalement défait, fut amené prisonnier devant son farouche adversaire. « Quel traitement m'aurais-tu fait éprouver, lui dit Tamerlan, si tu m'avais vaincu? » — Je t'eusse enfermé dans une cage de fer, lui répliqua l'empereur des Turcs. — Tu as prononcé ton arrêt, » dit le Tartare. On infligea à Bajazet la peine qu'il avait eu l'intention de faire subir à son ennemi et il mourut, dit-on, dans un accès de rage en 1403, en se brisant le crâne contre les barreaux de sa prison. Les animaux féroces sont moins cruels que de semblables héros, indignes de porter le nom d'hommes.

LE CHEVAL S'ÉTANT VOULU VENGER DU CERF.

(Livre IV. — Fable 13.)

Sage, s'il eut remis une légère offense.
Quel que soit le plaisir que cause la vengeance,
C'est l'acheter trop cher que l'acheter d'un bien
Sans qui les autres ne sont rien.

CORIOLAN CHEZ LES VOLSQUES (l'an 489 avant J.-C.).

Caïus Marcius, jeune patricien romain, avait toutes les vertus qui font les héros; il battit les Volsques, prit Corioles, leur capitale, et refusant la dixième partie du butin pris sur l'ennemi, se contenta du titre de Coriolan, qui lui fut décerné à l'unanimité par ses concitoyens.

Rome souffrait alors de la disette, et le peuple, animé par les tribuns, murmurait contre le sénat, sans réfléchir que celui-ci n'était point la cause de ses misères: il allait jusqu'à supposer que les patriciens gardaient tout le blé pour leurs familles. Sur ces entrefaites, un convoi de grains arriva de Sicile: c'était une ressource précieuse dans l'état de pénurie où se trouvait Rome. Quand il s'agit de l'emploi de ce blé, quelques sénateurs proposèrent d'en faire la distribution aux pauvres ; d'autres, et Coriolan, surtout, fut de cet avis, conseillèrent de le vendre fort cher pour dompter l'audace du peuple, qui, depuis sa retraite sur le Mont-Aventin, avait toujours été en désunion avec le sénat.

Quand le peuple sut ce que Coriolan conseillait, il voulut, dans sa fureur, massacrer ce général victorieux : mais les tribuns l'en empêchèrent et citèrent le fier patricien à comparaître devant eux. Coriolan méprisa leur citation et ne se présenta pas ; ils voulurent alors le faire arrêter ; ils furent repoussés par quelques jeunes sénateurs. Un des tribuns le condamna à être précipité de la roche Tarpéienne et comme il vit que le peuple hésitait à exécuter son ordre, il condamna Coriolan à un bannissement perpétuel, s'il ne comparaissait au jugement du peuple dans l'espace de vingt-sept jours.

Le peuple, satisfait de ce qu'il appelait une victoire remportée sur les patriciens, oublia en un jour les services signalés rendus pendant des années par un si grand citoyen. Le fier Caïus Marcius, exaspéré et n'écoutant que la vengeance, se retira chez les Volsques au milieu des ennemis de son pays ; il les poussa à la guerre contre Rome et devint leur général. Il battit les troupes envoyées contre lui et, répandant partout la terreur, arriva aux portes de la capitale. Le peuple versatile suivant les événements, demandait son rappel, mais le sénat, qui dès le principe avait soutenu Coriolan, le condamnait avec raison, maintenant qu'il avait pris les armes contre sa patrie. Le danger adoucit pourtant les patriciens; ils envoyèrent une députation au fier proscrit: il la reçut avec dédain. Les prêtres vinrent à leur tour et furent congédiés de même. Véturie, mère de Caïus Marcius, accompagnée des dames romaines, alla enfin désarmer son fils rebelle. Les sentiments de la nature et la piété filiale domptèrent cette âme orgueilleuse et Coriolan consentit à la paix tout en disant à sa mère: « Rome est sauvée, mais votre fils est perdu. »

Le guerrier avait deviné son sort : n'ayant pu se décider à revenir à Rome où son orgueil aurait trop souffert, il resta chez les Volsques. Ceux-ci connaissant les grands services qu'il leur avait rendus et qu'il pouvait encore leur rendre par ses talents militaires voulurent, mais en vain, l'exciter à reprendre les armes contre son pays. Coriolan leur devint alors suspect; ils l'accusèrent de trahison et le firent assassiner.

Ainsi périt ce héros, doué de grandes vertus, sauf celle de pardonner les offenses; son désir de vengeance fut cause de sa perte et priva sa patrie d'un de ses plus grands citoyens.

LE RENARD ET LE BUSTE.

(Livre IV. — Fable 14.)

Les grands, pour la plupart, sont masques de théâtre;
. . . .
« Belle tête, dit-il, mais de cervelle point. »
Combien de grands seigneurs sont bustes en ce point!

L'EMPEREUR HÉLIOGABALE (222).

L'empereur Caracalla venait d'être assassiné. Mœsa, sœur de l'épouse de Septime Sévère, crut le moment favorable pour faire parvenir à l'empire son petit-fils Héliogabale. Elle corrompit par ses largesses une légion campée près d'Emèse en Syrie et lui présenta le jeune prêtre du soleil, dont la beauté merveilleuse séduisit immédiatement l'armée. Il joignait à la perfection des formes, une apparente douceur qui prévenait en sa faveur. C'est en vain que Macrin, l'assassin de Caracalla, veut se faire proclamer son successeur: il est bientôt vaincu par les légions d'Héliogabale et tué dans sa fuite.

Le nouvel empereur n'était pourtant qu'un monstre avec la plus belle figure humaine que l'on puisse imaginer. Il commence par tuer Gannys, son gouverneur, et donne les premières dignités à un vil bouffon nommé Entychien: il fait entrer au sénat son aïeule Mœsa, établit un autre sénat de femmes pour prononcer sur les modes, les voitures et autres bagatelles, et se plonge dans de telles débauches que leur récit fait douter que ce jeune homme ait eu l'usage de sa raison.

A la vue de tant d'extravagances on eu pu dire de lui avec justesse: « Belle tête, mais de cervelle point. »

Les crimes d'Héliogabale soulevèrent contre lui les prétoriens qui le massacrèrent sans pitié ainsi que sa mère Sœmis l'an 222: il n'était âgé que de dix-huit ans et il avait déjà égalé sinon surpassé en vices, Caligula, Néron et Domitien.

LE LOUP, LA CHÈVRE ET LE CHEVREAU.

(Livre IV. — Fable 15.)

Deux sûretés valent mieux qu'une,
Et le trop en cela ne fut jamais perdu.

MANLIUS SAUVE LE CAPITOLE (l'an 390 avant J.-C.).

Les Romains avaient été défaits à la bataille d'Allia, et les Gaulois, vainqueurs, s'approchaient rapidement de Rome. La ville était dans la consternation. Les vieillards, les femmes et les enfants se réfugiaient dans les environs, mais tous les hommes en état de porter les armes, s'enfermaient dans le Capitole pour le défendre jusqu'à la dernière extrémité.

Les Gaulois arrivent; trouvent la cité presque abandonnée, et massacrent quatre-vingts sénateurs qui s'étaient dévoués volontairement à la mort, acte patriotique auquel on attachait la vertu d'épouvanter les ennemis. Les Barbares attaquent le Capitole, sont repoussés, et dans leur furie mettent le feu à Rome.

Manlius, ancien consul, était à la tête de la garnison qui occupait la citadelle encore au pouvoir des Romains, et il n'avait rien négligé pour la fortifier. Le Capitole, placé sur un rocher presque inaccessible, ne pouvait guère être pris que par escalade, et Manlius redoublait de vigilance pour éviter une surprise.

Une nuit très-obscure, après avoir lui-même doublé les sentinelles, ordonné des rondes sur les remparts, il avait fait placer des chiens en divers endroits, et persuadé « que deux sûretés valent mieux qu'une, » il comptait sur leur vigilance. Il osait à peine se livrer au sommeil, quand il fut surpris d'entendre les oies dont il y avait assez grande quantité dans la forteresse, jeter des cris d'alarme inaccoutumés.

Manlius se précipite sur les remparts en appelant aux armes ; déjà il distingue les Gaulois qui profitant de la grande obscurité de cette nuit, gravissaient péniblement les aspérités du rocher ; quelques-uns escaladaient le parapet : Manlius tue l'un d'eux, et avec l'aide de ses soldats, précipite les autres du haut des créneaux, le reste prend la fuite. Quelques minutes plus tard, et sans le cri des oiseaux domestiques (qui furent depuis tenus en grande estime par les Romains), le Capitole était pris. Mais c'est surtout à la vigilance de Manlius que Rome dut son salut; car ne se fiant ni aux sentinelles, ni aux chiens, dont la perspicacité fut cette fois en défaut, il veillait lui-même et était accouru au plus léger indice.

Le dévouement et la valeur de Manlius furent récompensés par le surnom de *Capitolinus*, que ses concitoyens lui décernèrent. La défense prolongée que fit la garnison du Capitole, laissa le temps au dictateur Camille de rassembler des troupes aux environs de la ville; il engagea les Ardéates à secourir les Romains; puis, avec cette faible mais brave armée, il attaqua plusieurs détachements de Gaulois et les tailla en pièces. Bientôt il entra dans la ville, juste au moment où, pour obtenir la paix des ennemis, on leur avait promis mille livres pesant d'or. La somme était comptée, mais les Barbares se servaient de faux poids pour y faire ajouter encore, et Brennus leur chef, jetait en plus son épée dons la balance en s'écriant :
« Malheur aux vaincus ! »

Camille paraît alors suivi de ses guerriers : « c'est avec du fer, et non avec de l'or, dit-il, que les Romains se rachètent! » il rompt toutes les négociations, fait remporter l'or, et attaque les Gaulois, d'autant plus redoutables qu'ils sont transportés de rage de se voir disputer leur proie au moment où ils pensaient la saisir. Le combat fut long et terrible : les Barbares succombèrent enfin, et il n'en échappa qu'un petit nombre qui ne pût même regagner la Gaule, car il périt de fatigue et de misère avant d'y parvenir.

PAROLE DE SOCRATE.

(Livre IV. — Fable 17.)

Chacun se dit ami; mais fou qui s'y repose:
Rien n'est plus commun que ce nom,
Rien n'est plus rare que la chose.

LES DEUX AMIS DE SYRACUSE. — LES DEUX AMIS AU SIÉGE DE LA CAPELLE (1650).

O divine amitié ! félicité parfaite [1] !...

Rien en effet n'est plus rare que la véritable amitié, parce qu'elle demande un assemblage de conditions qu'il est difficile de réunir à un égal degré entre deux personnes qui veulent se lier sincèrement. Les principales de ces conditions sont similitude d'âge, de mœurs sinon de goûts, de valeur intellectuelle, et surtout de position sociale. Voltaire a dit :

L'amitié d'un grand homme est un bienfait des dieux.

Mais il faut être presque grand homme soi-même,

---

[1] Voltaire.

pour être l'ami d'un homme illustre. Montaigne était l'ami dévoué d'Étienne de La Béotie, poëte distingué, il n'aurait certainement pu être lié d'amitié avec un homme vulgaire.

L'amitié demande aussi égalité de rang; sans cette égalité, il pourrait y avoir d'une part flatterie, et comme dit Molière :

Plus on aime quelqu'un, moins il faut qu'on le flatte.

Et le devoir de l'amitié est de parler franchement, librement :

Quand un ami se perd, il faut qu'on l'avertisse [1],
Il faut qu'on le retienne au bord du précipice.

On ne peut donner le nom d'amitié à l'union, quelque intime qu'elle soit, de deux cœurs vicieux.

Pour les cœurs corrompus, l'amitié n'est pas faite [2].

L'amitié est si rare qu'il en est peu d'exemples historiques à citer, depuis celui qui se passa à Syracuse, sous le règne de Denys le Tyran.

Un homme avait été condamné à mort injustement; le jour de son supplice était fixé. Il avait un ami qui fut assez confiant pour le cautionner et prendre sa place pendant le temps qui lui fut

[1] Boileau.
[2] Voltaire.

accordé pour mettre ordre à ses affaires. Le condamné à mort vint délivrer son ami au jour indiqué.

Denys admira tellement ces hommes généreux, l'assurance de l'un et la fidélité de l'autre, qu'il pardonna au coupable, et demanda d'être reçu en tiers dans leur amitié.

L'histoire s'arrête là et ne nous dit pas ce qu'il advint de ce troisième associé dans cette amitié modèle ; mais par les raisons exposées plus haut, nous avons sujet de penser qu'elle ne pût exister au suprême degré par la disproportion des rangs, et le respect forcé dû au monarque.

Parmi les exemples modernes, nous citerons le fait qui arriva en 1650, au siége de la Capelle. Un espagnol apprend que son ami a été renversé d'un coup de mousquet dans la tranchée, il vole aussitôt à son secours ; il le trouve mort, étendu sur la poussière. Son premier mouvement est de se jeter sur le cadavre, il l'embrasse, le tient quelque temps pressé contre son sein, et suffoqué par la douleur, il expire un moment après.

LE VIEILLARD ET SES ENFANTS.

(Livre IV. — Fable 18.)

Toute puissance est faible, à moins que d'être unie.

LES FILS DE LOUIS LE DÉBONNAIRE.

Le poids de la couronne de Charlemagne était trop lourd pour le faible Louis le Débonnaire, aussi en avait-il été écrasé. Lorsqu'il se sentit près de sa fin, il partagea ses vastes états entre ses trois fils. Il croyait, en agissant ainsi, que chacun d'eux pourrait gouverner plus facilement les peuples placés sous sa domination. Il leur recommanda surtout d'être unis, ajoutant que de cette concorde mutuelle dépendrait la stabilité de la monarchie, et le bonheur de tous.

A peine fut-il mort, que Louis le Germanique voulut envahir le territoire situé entre la Meuse et le Rhin, et qui était échu en partage à son frère aîné Lothaire.

Lothaire, de son côté, qui aurait voulu rétablir

à son profit l'unité de l'empire, songeait à réduire ses frères à l'état de princes tributaires; il se hâta donc de marcher contre Louis, pensant qu'il lui serait facile de dépouiller ensuite de ses états, son autre frère, Charles II dit le Chauve, quatrième roi de la race carlovingienne.

La Gaule occidentale et méridionale, tout en formant la majeure partie des états de Charles, ne reconnaissait point son autorité, car un chef breton se préparait à fonder un royaume indépendant dans l'Armorique. C'était Pépin II, petit-fils de Louis le Débonnaire, qui, malgré sa jeunesse, devait en être roi.

Le roi des Francs s'apprêtait à marcher contre les Bretons, lorsqu'il apprit que Lothaire attaquait la Neustrie, qui faisait partie de ses états, et venait de prêter son appui au jeune Pépin, pour accroître encore les difficultés de la situation.

Ce fut en vain que les évêques et les leudes représentèrent à l'ambitieux Lothaire qu'il ne devait pas transgresser les volontés de son père, et qu'il devait être le protecteur et non l'oppresseur de son plus jeune frère ; il ne voulut rien écouter.

Charles II s'allia alors avec Louis le Germanique et ils marchèrent ensemble contre leur ennemi commun. Le 25 juin 841, les deux armées, qui étaient chacune de cent cinquante mille hommes, se rencontrèrent à Fontanet, près d'Auxerre. Le combat fut sanglant, et quatre-vingt mille hommes y périrent. Charles le Chauve et Louis le Germanique défirent complétement Lothaire, ainsi que les troupes de Pépin II, mais ils ne surent pas profiter de leur victoire ; car le prince vaincu retourna en Austrasie où il ne tarda pas à se recréer une armée pour recommencer cette guerre fratricide. Lothaire attira même sous ses drapeaux, des bandes de Saxons, à qui il permit de renoncer au christianisme, à condition qu'ils combattraient en sa faveur, et il fit alliance avec des pirates venus de la Scandinavie, lesquels, sous le nom de *Normands* (hommes du Nord), devaient bientôt répandre par toute la Gaule le meurtre et l'incendie.

C'est ainsi que par la désunion des enfants de Louis le Débonnaire, l'empire créé par Charlemagne et par lui placé à un si haut degré de splendeur, croulait de toutes parts, et marchait à une ruine prochaine et inévitable.

L'ORACLE ET L'IMPIE.

(Livre IV. — Fable 19.)

Vouloir tromper le Ciel, c'est folie à la terre.
Le dédale des cœurs en ses détours n'enserre
Rien qui ne soit d'abord éclairé par les dieux :
Tout ce que l'homme fait, il le fait à leurs yeux,
Même les actions que dans l'ombre il croit faire.

GUILLAUME, DUC DE NORMANDIE, ET HAROLD
(1065).

Harold qui, par ses vertus guerrières et son esprit insinuant, avait su se faire aimer d'Édouard le Confesseur, avait été choisi par ce monarque, pour être son successeur au trône d'Angleterre.

Harold résolut de faire, en 1065, un voyage en Normandie pour réclamer du duc Guillaume, un de ses frères et un neveu, livrés jadis comme otages par Godwin à Édouard, et que ce prince avait cru devoir éloigner de l'Angleterre. Lorsqu'il demanda au roi la permission de partir, celui-ci lui dit: « Je ne veux pas t'en empêcher, mais ton voyage ne saurait être heureux. Le duc Guillaume le Bâtard te hait; il ne t'accordera rien, et le seul moyen de lui faire rendre les otages serait de lui envoyer d'autres ambassadeurs que toi. Si tu pars, ce sera sans mon aveu. »

Harold considéra les craintes d'Édouard le Confesseur comme les rêves d'un vieillard caduc, partit, fit naufrage vers l'embouchure de la Somme et fut emprisonné par Guy, comte de Ponthieu, qui, pour le mettre en liberté, exigea une rançon considérable. Le prince saxon fit instruire le duc de Normandie de sa captivité. Guillaume paya la somme demandée pour la délivrance d'Harold et l'accueillit à Rouen avec la plus grande bienveillance: il lui remit les otages qu'il venait chercher, donna des fêtes en son honneur et lui fit présent, ainsi qu'à ses parents, de vêtements de prix et d'armes magnifiques. Mais toute cette générosité apparente cachait une perfidie.

Un jour que Guillaume et Harold chevauchaient côte à côte, le duc de Normandie amena la conversation sur ses prétentions à la couronne d'Angleterre, prétentions qui venaient, disait-il, de ses liaisons anciennes avec le roi Édouard, car ce monarque avec qui il avait vécu en frère, lui avait promis de l'appeler au trône, s'il mourait sans héritiers; il ajouta : « Toi, Harold, puissant dans ta patrie, tu peux m'obtenir la réalisation de cette promesse et si par ton secours cette couronne m'est dévolue, je te le jure quelque chose que tu me demandes, je te l'accorderai à l'instant. »

Harold, surpris et embarrassé, promit vaguement de le servir, car il n'osait dire le contraire, attendu qu'il se trouvait à la merci de Guillaume; mais celui-ci reprit : « Je crois à ta parole, et afin de l'accomplir, tu vas me jurer de fortifier le château de Douvres et de le livrer à mes troupes dès que je t'en requerrerai. Tu épouseras ma fille Adèle et je marierai ta sœur à l'un de mes plus hauts barons. Pour gage de ta promesse, tu me laisseras l'un des deux otages que je t'ai rendus et je te le remettrai en Angleterre quand tu m'y salueras du nom de roi. » Harold promit tout parce qu'il y était forcé par la nécessité.

En arrivant à Avranches, Guillaume convoqua les hauts seigneurs de Normandie, fit apporter en cachette les reliques les plus vénérées dans les églises du voisinage, les mit dans une cuve cachée sous un drap d'or, sur la table du conseil. Alors, devant toute l'assemblée, il fit placer deux petits reliquaires sur le drap qui couvrait les autres reliques, et dit à Harold : « Je te requiers de confirmer par serment ce que tu m'as promis. L'anglo-saxon, moins fin que le normand, prononça le serment, promettant d'exécuter les conventions, pourvu que Dieu l'y aidât. Guillaume fit alors enlever le drap d'or et montra à Harold consterné combien de saints il avait pris à témoin de sa promesse.

Lorsqu'un an après Édouard mourut et qu'Harold lui succéda, Guillaume envoya un messager lui reprocher sa félonie et lui rappeler le serment par lui prêté sur les reliques des saints; mais le nouveau roi déclara qu'il avait été victime d'une indigne supercherie et qu'il ne se croyait nullement engagé. La guerre fut déclarée et Guillaume, traversant le détroit avec ses troupes, vainquit Harold à Hastings et se fit couronner roi d'Angleterre.

Mais ce Guillaume, auquel on donna alors le surnom de Conquérant, et qui s'appuyait ainsi sur la sainteté d'un serment surpris par trahison, parce qu'il était fait sur des reliques; ce prince qui faisait construire sur le champ de bataille, témoin de sa victoire, un monastère sous l'invocation de la Sainte-Trinité et de Saint-Martin, n'était qu'un barbare sans foi.

Il n'avait aucune des vertus qu'inspire la religion, et s'il affectait parfois des dehors de dévotion, c'était pour mieux cacher ses vices, son ambition insatiable, et la cruauté qu'il exerçait même envers sa famille. Ce fut un grand guerrier, un héros dans les combats, mais un monarque impie et sanguinaire. Comme pourtant « vouloir tromper le ciel est folie à la terre »

Dieu, avant de le punir de ses crimes dans l'autre vie, avait déjà apesanti son bras sur lui ici-bas, et ce puissant monarque mourut isolé, abandonné même de ses enfants, ayant à peine un cercueil pour contenir ses restes.

L'AVARE QUI A PERDU SON TRÉSOR.

(Livre IV. — Fable 20.)

L'usage seulement fait la possession.
Je demande à ces gens de qui la passion
Est d'entasser toujours, mettre somme sur somme,
Quel avantage ils ont que n'ait pas un autre homme.

LE POËTE CHAPELAIN (1674).

L'avarice cause fréquemment la perte de celui même qui est possédé de ce vice affreux, et comme l'a dit un poëte :

L'avare rarement finit ses jours sans pleurs,
Il a le moins de part aux trésors qu'il enserre,
Thésaurisant pour les voleurs,
Pour ses parents ou pour la terre.

La poëte Chapelain, que Boileau a tourné fréquemment en ridicule, était un écrivain de peu de talent mais sachant se produire auprès des grands, et tandis que Corneille, son contemporain, était dans la plus profonde misère, Chapelain obtenait de Richelieu une pension de mille écus. Il travailla trente ans à la composition de son poëme de la *Pucelle* et reçut mille écus par an du duc de Lorraine pendant tout le temps que dura ce travail, et deux mille après qu'il fut terminé : ce qui était alors une somme bien plus considérable qu'elle ne le serait aujourd'hui.

Cependant Chapelain vivait misérablement et rien n'annonçait l'aisance dont il jouissait; c'était pour lui un moyen de solliciter sans cesse et puis de thésauriser.

Un jour qu'il devait se rendre à l'Académie française, dont il fut l'un des premiers membres, il était dans la rue St-Honoré près la porte du cloître quand une très-forte pluie fit tellement grossir le ruisseau, qu'il fallait le passer sur une planche qu'on y avait jetée, ce qui coûtait un sou. Chapelain, ne pouvant se décider à un tel sacrifice, attendit longtemps à l'abri sous une porte : enfin voyant qu'il était près de trois heures, ne voulant pas manquer la séance et surtout dans l'idée de toucher la petite somme attachée à son acte de présence, il passa au travers de l'eau et en eût jusqu'à mi-jambe. Arrivé à l'Académie, pour qu'on ne vit pas comme il était mouillé, il s'assit à un bureau en cachant ses jambes dessous, au lieu d'aller se chauffer au grand feu qui flambait dans la cheminée. Bientôt le froid le saisit et quand il rentra au logis, son oppression de poitrine fut telle qu'il dut prendre le lit. Il mourut quelques jours après, le 22 février 1674, et l'on trouva chez lui cinquante mille écus entassés en monnaies de toute sorte, quand sa mort était causée par l'économie qu'il avait faite mal à propos d'un misérable sou.

Il est cependant un trait qui honore la mémoire de Chapelain: c'est qu'ayant été chargé par Colbert de dresser la liste des savants et des littérateur dignes d'être pensionnés par le roi Louis XIV, il y plaça Boileau, qui était son ennemi particulier et qui l'avait fréquemment poursuivi de ses sarcasmes et de ses épigrammes. La justice parla chez lui plus haut que l'animosité personnelle.

L'ŒIL DU MAITRE.

(Livre IV. — Fable 21.)

Il n'est pour voir que l'œil du maître.

JEANNE D'ARC PRÉSENTÉE AU ROI CHARLES VII (1429).

L'an 1429, dit une vieille chronique, il y avait à Vaucouleurs, en Lorraine, une jeune fille de dix-huit ans qui gardait les moutons. Un jour elle se présente devant le sire Robert de Baudricourt, vaillant chevalier tenant le parti du roi, et lui dit : « Capitaine messire, sachez que Dieu m'a commandé que j'allasse devers le gentil dauphin, qui doit être et est vrai roi de France, pour qu'il me donne ses gens d'armes pour que je les conduise faire lever le siége d'Orléans, et sacrer le prince à Reims. »

Le bon chevalier rit d'abord de la simplicité de cette jeune fille nommée Jeanne d'Arc, mais elle revint plusieurs fois à la charge pour qu'il lui fournit un habillement d'homme, un cheval et des compagnons pour la conduire à Chinon. La conviction qu'elle montrait, finit par gagner Robert de Baudricourt; il lui procura ce qu'elle sollicitait, et la jeune bergère partit escortée de deux gentilshommes ainsi que d'un varlet, et arriva à Chinon où Charles VII s'était retiré.

Le roi, à qui elle fit demander audience, interrogea les compagnons de Jeanne, qui ne purent lui fournir de grandes explications; il consentit toutefois à ce que la jeune fille lui fut présentée, et pour éprouver sa sagacité, ne portant aucune marque extérieure de sa dignité, il se mêla avec les autres seigneurs de sa cour, qui pour la plupart étaient vêtus plus richement que lui.

Quand Jeanne d'Arc entra dans la salle, elle fit les salutations d'usage avec une aisance telle qu'on l'aurait crue habituée au séjour de la cour, puis marchant droit à Charles VII, elle lui dit : « Dieu vous donne bonne vie, très-noble roi! » Le prince voulant l'embarrasser lui répondit qu'il n'était pas le roi, puis lui montrant un des seigneurs présents, il ajouta : « Celui-ci est le roi. » Mais Jeanne lui répliqua sans hésiter et d'un air qui laissait voir « l'œil du maître : » C'est vous qui êtes le dauphin, et non autre, je vous connais bien. » Elle ne l'avait pourtant jamais vu, même en portrait.

Charles lui demanda ce qu'elle voulait : alors la bergère d'un ton prophétique lui dit qu'elle venait pour faire lever le siége d'Orléans et lui aider à recouvrer son royaume, car Dieu le voulait ainsi. L'assurance de Jeanne finit par gagner peu à peu tous les cœurs : elle fut examinée, interrogée par diverses personnes ; elle répondit à toutes avec la même conviction, la même vérité ; puis, pour mettre un terme aux doutes du roi, elle demanda à lui parler en particulier et lui dit : « Gentil dauphin, pourquoi ne me croyez-vous pas ? Dieu a pitié de vous, de votre royaume et de votre peuple, car saint Louis et Charlemagne sont à genoux devant lui en faisant des prières pour vous ; et je vous dirai s'il vous plaît telle chose qu'elle vous donnera à connaître que vous me devez croire. »

Le roi y consentit. Il conserva près de sa personne le duc d'Alençon, le seigneur de Trèves, Christofle de Harcourt, et son confesseur Gérard Machet ; il leur fit jurer de ne jamais rien révéler de tout ce qu'ils allaient entendre. Jeanne raconta alors une action importante que le roi avait commise, et qu'il croyait ignorée de qui que ce fût au monde. Cette révélation l'étonna fort, car il n'y avait, disait-il, que Dieu et lui qui pussent connaître cela.

L'histoire nous démontre que Jeanne était inspirée ; il fallait plus que la volonté humaine pour relever un royaume occupé par ses vainqueurs, réduit à quelques villes, sans ressources et presque sans armée. L'héroïne fit lever le siége d'Orléans, battit les Anglais, et fit sacrer Charles VII, puis voulut se retirer, alléguant que sa mission était remplie. Le roi la retint malgré sa volonté. Faite prisonnière dans une sortie à Compiègne, elle tomba alors au pouvoir des Anglais qui la brûlèrent vivante en l'accusant de sorcellerie.

La postérité n'a pas assez flétri l'horrible ingratitude de Charles VII, qui laissa périr la généreuse Jeanne d'Arc, sans tenter de la délivrer des mains de ses lâches bourreaux ; malgré l'auréole de gloire que lui donne son nom de Victorieux, sa conduite en cette circonstance justifie ces vers d'un de nos bons auteurs [1] :

> . . . . L'honnête homme à la reconnaissance,
> Sur toute autre vertu donne la préférence :
> Un bienfait le captive ; et des vices du cœur,
> Il voit l'ingratitude avec le plus d'horreur.

[1] Piron.

L'ALOUETTE ET SES PETITS, AVEC LE MAITRE D'UN CHAMP.

(Livre IV. — Fable 22.)

Ne t'attends qu'à toi seul; c'est un commun proverbe.

ROBERT DE LA MARCK A LA BATAILLE DE NOVARE
(1513).

Après une campagne malheureuse dans le Milanais, La Trémouille était sur le point de prendre Novare, où Maximilien Sforza s'était réfugié, quand les Suisses, qui combattaient à la solde du Pape, livrèrent bataille aux Français et les défirent complétement, malgré la valeur qu'ils déployèrent ainsi que leur général.

Robert de la Marck était du corps d'armée de La Trémouille, il avait longtemps soutenu l'effort des troupes ennemies, et ne se retirait devant elles que comme le sanglier blessé qui recule lentement devant les chiens et les chasseurs, mais en leur tenant tête. On vint tout à coup l'avertir que ses deux fils, qui faisaient partie d'un autre corps, venaient de tomber percés de coups sur le champ de bataille. Le père n'écoute que son désespoir ; il veut sauver ses enfants s'ils respirent encore, ou du moins ramener leurs cadavres dans leur patrie : il fond avec une compagnie de cent cavaliers sur les bataillons suisses victorieux qui le séparent de l'endroit où sont tombés ses fils.

Cette charge furieuse étonne les Suisses, pressés les uns contre les autres comme les épis dans un champ de blé ; ils se voient refoulés, puis écartés, pour laisser passage à cette avalanche de guerriers qui a la force d'une machine de guerre. La Marck porte des coups furieux à droite et à gauche, son armure est faussée, ses armes se brisent à force de frapper ; beaucoup de ses compagnons blessés ou découragés, l'abandonnent en route, mais le vieux guerrier n'écoute et ne voit rien ; il n'a qu'une seule pensée : sauver ses enfants ou mourir. Il parvient enfin avec un petit nombre des siens auprès de ses fils expirants ; il en met un en travers devant lui sur son cheval ; un fidèle serviteur en fait autant de l'autre, puis, lançant leurs chevaux de toute vitesse, ils arrivent au camp français avec leur précieux fardeau.

Quoique criblés de blessures, les fils de La Marck n'en avaient aucune de mortelle ; leur convalescence fut longue, mais ils guérirent, et tous les deux acquirent grande renommée sous le règne de

François Ier : l'un de ces frères fut le maréchal de Fleurange.

> *Quanto parentes sanguinis vinclo tenes*
> *Natura !*

O nature! par quels liens tu attaches les parents à leurs enfants, a dit Sénèque.

Ce fut l'amour paternel qui inspira au vieux La Marck cette action presque incroyable de valeur et de dévouement. Traverser un corps d'armée entier pour parvenir jusqu'à ses enfants eût paru à tout autre qu'un père une chose impossible, mais il l'exécuta, car il eut foi en Dieu et en sa justice puis en la vérité de cette maxime du sage : Ne t'attends qu'à toi seul.....

LIVRE CINQUIÈME

LE BUCHERON ET MERCURE.

(Livre V. — Fable 1.)

Ne point mentir, être content du sien,
C'est le plus sûr : cependant on s'occupe
A dire faux pour attraper du bien.
Que sert cela? Jupiter n'est pas dupe.

L'EMPEREUR AUGUSTE ET LE VIEUX SOLDAT.

L'empereur Auguste étant un jour aux bains publics, voyait un homme âgé qui, attaqué de douleurs rhumatismales dans les bras, et n'ayant pas de serviteur, était obligé de se frotter le dos contre les pierres pour parvenir à se laver. L'empereur lui demandant pourquoi il n'avait pas recours aux soins d'un garçon de bains, l'inconnu répondit qu'il était trop pauvre pour cela. Auguste s'approcha et en l'envisageant, reconnut que cet homme était un de ses plus anciens soldats; comme il était naturellement compatissant, il lui fit don immédiatement d'un esclave pour le servir et adoucit par la suite, autant qu'il fut en son pouvoir, le sort du vieux guerrier.

Cette munificence, répétée de bouche en bouche, fut connue de Rome entière, et l'empereur lorsqu'il revint aux Thermes fut très-surpris de voir quantité de baigneurs qui se frottaient le dos contre les pierres en ayant l'air de ne pouvoir faire usage de leurs bras. Deux surtout se trouvaient à côté l'un de l'autre, Auguste les regarda et leur dit avec le plus grand sang-froid: « Pourquoi vous frottez-vous ainsi? c'est peine inutile: que chacun de vous se rende alternativement l'office de garçon baigneur et votre dos ne s'écorchera pas. »

LE POT DE TERRE ET LE POT DE FER.

(Livre V. — Fable 2.)

Ne nous associons qu'avecque nos égaux;
Ou bien il nous faudra craindre
Le destin d'un de ces pots.

LE RÉGENT ET LAW (1715-1720).

En 1715 les finances étaient en France dans un état déplorable et les effets royaux perdaient de 70 à 80 pour 100. Dans cette extrémité, et après avoir tenté, mais en vain, de divers moyens pour combler l'énorme déficit du trésor, le Régent accueillit favorablement à la cour un financier écossais qui proposait un nouveau système.

Cet écossais, nommé Law, qui n'était pas un aventurier comme on l'a prétendu, mais bien le fils d'un riche orfèvre d'Edimbourg, développa un plan nouveau qui séduisit le Régent et finit par le convaincre. Le projet d'une banque privée fut adopté, et Law fut autorisé par décret du 2 mai 1716 à l'établir à ses frais. Le fonds social de cette banque, dont le duc d'Orléans accepta le titre de protecteur, fut de 6,000,000 divisés en 1,200 actions de 5,000 livres. Elle était autorisée à émettre des billets payables au porteur.

La conception de Law, soutenue ainsi par l'homme qui gouvernait alors la France, réussit complétement: on commença à se servir de billets de banque, on s'y habitua: la circulation arrêtée se rétablit et les débuts du système furent si brillants que le Régent, imbu des idées de Law, s'abandonna totalement à ses plans et lui fournit tous les moyens en son pouvoir pour les exécuter. Cette banque avait acquis une telle confiance qu'elle était parvenue à émettre 60 millions de billets sans que son crédit fut ébranlé : les dépôts d'or et d'argent y arrivaient chaque jour et les demandes du papier augmentaient.

Law compléta alors son système en fondant en 1717 une compagnie nommée Compagnie des Indes occidentales, qui avait la souveraineté sur toute la Louisiane (pays de l'Amérique septentrionale), dont on devait tirer des richesses immenses, tant par la fertilité de son sol que par la traite du castor établie avec le Canada. Le capital fourni par les actionnaires fut de 100 millions et chaque action de 500 livres ; ces actions étaient comme des billets au porteur qu'on pouvait transférer par simple endossement, et afin de relever le crédit des anciennes valeurs de l'État qui perdaient toujours 75 pour 100, Law stipula que les actionnaires de la Compagnie des Indes occidentales, pourraient faire leur mise de fonds un quart en espèces et trois quarts en billets de l'État, ce qui amortit ainsi une dette de soixante-quinze millions.

Tout marchait au mieux, quand d'Argenson, homme habile quoique peu entendu en finances et le Parlement lui-même, suscitèrent des embarras au célèbre financier, embarras qui eurent pour résultat, en 1717, de faire supprimer la banque de Law: mais, le Régent protégea son favori, fit casser l'arrêt du Parlement, puis, par un édit, la banque fut déclarée *royale* et Law en fut nommé le directeur et contrôleur des finances en 1719.

La prospérité de la banque n'était pas le but principal de Law; ses espérances reposaient surtout sur la Compagnies des Indes Occidentales ou du Mississipi, comme on la nommait alors vulgairement. Les relations entre la Louisiane et toutes les parties du monde connu, furent d'abord magnifiques et donnèrent à la compagnie un bénéfice de 27,500,000 livres. La confiance devint telle qu'on s'arrachait les actions et que l'agiotage les fit monter à un prix fabuleux. Enfin peu de mois après sa fondation, la Compagnie vendait ses actions quinze mille livres et le public, ne se rendant pas compte que le papier n'a de valeur qu'autant qu'il représente des réalités, oubliait que les actions de la Compagnie émises au nombre de 600,000 au capital nominal de 300 millions, ne représentaient qu'un milliard 670 millions et non neuf milliards. Cet engouement et cette erreur ne s'arrêtèrent que lorsque chaque action émise à 500 livres arriva au prix fabuleux de 20,000 livres.

A la fin de l'année 1719 des agioteurs, prévoyant les événements prochains, s'entendirent pour vendre leurs actions; échangèrent leur papier pour des châteaux, des propriétés, des objets d'or et d'argent et réalisèrent ainsi des fortunes de trente et quarante millions. La masse énorme de capitaux en papier entrant en balance avec la même quantité de marchandises ou de propriétés, subit une dépréciation; bientôt la baisse vint et la défaveur s'étendit jusque sur les billets de la Banque. Law chercha, mais en vain, à donner un cours forcé aux billets; le discrédit vint presque aussi subitement que l'engouement, et chacun courut pour se faire rembourser en espèces. Pour satisfaire aux murmures de tous, le Régent retira à Law le contrôle général.

Le 17 juillet 1720, une émeute populaire menaça la vie du financier écossais, et il ne fut à l'abri que dans le palais même de son protecteur, qui le soutint encore quelque temps contre ses ennemis. Enfin l'échafaudage s'écroula et fit voir que la Compagnie des Indes Occidentales était ruinée. Ces mêmes actions achetées 20,000 livres en octobre 1719 valaient 200 livres en octobre 1720.

Law, qui n'osait plus sortir du Palais-Royal, où il se tenait caché, finit par s'échapper en fugitif, n'emportant de toutes ses richesses que 800 louis qui lui furent prêtés par un de ses amis; il mourut bientôt après pauvre et ignoré à Venise, où il s'était refugié.

Ainsi finit ce financier qui marcha pendant quatre ans presque l'égal des princes, car il avait pour soutien l'homme le plus puissant du royaume qui partageait ses vues et les appuyait; mais, quand vinrent les jours de malheur, l'un résista et échappa à l'orage, tandis que l'autre fut rompu comme s'il eût été de verre, tant il est vrai « qu'il ne faut s'associer qu'avec ses égaux, » et que plus on est haut placé, plus la chute est redoutable.

LE PETIT POISSON ET LE PÊCHEUR.

(Livre V. — Fable 3.)

Un tiens vaut, ce dit-on, mieux que deux tu l'auras :
L'un est sûr ; l'autre ne l'est pas.

STANISLAS LECZINSKI (1736).

En 1733, les Polonais proclamèrent une seconde fois comme roi Stanislas Leczinski. Ce prince, qui, par le mariage de sa fille, était devenu beau-père de Louis XV, tenta de nouveau les hasards de la guerre qui lui avaient été si contraires à son avénement au trône, puisqu'il avait dû abandonner son pays en fugitif.

Il se comporta avec courage et soutint à Dantzick un siége mémorable contre les Russes et les Autrichiens : mais, accablé par le nombre, et trop faiblement soutenu par la France, il fut obligé de quitter une seconde fois ses états pour faire place au fils d'Auguste II, que la Russie protégeait.

Les troupes de Louis XV réunies à celles d'Espagne et de Sardaigne, remportèrent sur l'empereur Charles VI de tels avantages, que le vaincu dut accepter les conditions que lui dicta la France; pourtant, malgré ses droits incontestables au trône de Pologne, Stanislas ne persista pas à vouloir gouverner ce pays : il reconnut sans doute combien l'esprit changeant de ce peuple et les prétentions ambitieuses de la Russie, rendaient cette tâche difficile : il préféra, en 1736, accepter en échange de son abdication, les duchés de Bar et de Lorraine qui, à sa mort, devaient être réunis à la France.

Leczinski gouverna avec sagesse, vécut tranquille en protégeant les lettres et les arts, acquit par l'amour de ses peuples le surnom de *Bienfaisant*, préférant ainsi une petite souveraineté à la royauté polonaise, royauté sans cesse disputée et n'offrant aucune stabilité, tant par la position géographique du pays, que par le caractère même de la nation.

LE RENARD AYANT LA QUEUE COUPÉE.

(Livre V. — Fable 5.)

Votre avis est fort bon, dit quelqu'un de la troupe :
Mais tournez-vous, de grâce ; et l'on vous répondra.

. . . .

Prétendre ôter la queue eût été temps perdu :
La mode en fut continuée.

MODES ADOPTÉES PAR CERTAINS PRINCES.

La Fontaine peint bien ici l'amour-propre de certains hommes qui, se dissimulant à eux-mêmes leurs défauts physiques, voudraient les soustraire aux yeux de tous, et les faire passer comme un agrément ou un embellissement... L'histoire nous offre en tous temps des exemples de faits semblables chez les princes ; la flatterie des courtisans les encourageait en ayant l'air de ne point voir leurs imperfections physiques ; bien plus, ils cherchaient eux-mêmes à se rapprocher de leurs maîtres en les copiant en tous points.

Alexandre avait pour habitude d'incliner la tête sur une épaule, et tous ses généraux l'imitaient.

L'empereur Adrien laissait pousser sa barbe, non par goût, mais pour cacher des verrues et certaine difformité de visage. La mode qu'il avait adoptée presque par nécessité fut suivie par la plupart des Romains.

François Ier ayant été blessé à la tête par un tison ardent, avait perdu ses cheveux et avait été forcé de les raser, puis de les porter très-courts : les courtisans sans avoir souffert du même accident, coupèrent leurs belles chevelures pour imiter le monarque.

Henri IV avait de bonne heure les cheveux gris; ces cheveux faisaient dire poétiquement à ce prince que : « le vent de l'adversité avait soufflé par là. » Les imitateurs moins poétiques, faisaient souffler sur les leurs un nuage d'amidon, et c'est ainsi que l'usage de la poudre qui devint général sous le règne de Louis XV, commença à se répandre en France. Cette mode, il est vrai, fut presqu'aussitôt abandonnée par la mort prématurée du bon Henri, car un roi enfant l'ayant remplacé, les courtisans voulurent calquer leur coiffure sur la sienne, et se transformèrent la tête en énorme boule frisée, puis un peu plus tard se coupèrent la barbe, pour n'avoir que quelques poils au menton comme le jeune Louis XIII.

Chacun sait que Louis XIV était né avec très-peu

de cheveux, et c'est ce qui rendit général l'usage des perruques qui, sous son règne, devinrent de telle dimension qu'elles étaient incommodes, nuisaient à la santé, et par leur ampleur même, ôtaient du charme à la physionomie au lieu de l'embellir.

Si l'on passait en revue l'histoire des modes, en tous temps et en tous pays, on verrait que la plupart n'ont été inventées que pour cacher la difformité de quelque souverain ou de quelque princesse, car la flatterie est adroite et sait que :

Souvent notre amour-propre éteint notre bon sens [1].

Entre tous les honneurs que le sénat romain rendit à Jules César, celui que le vainqueur du monde apprécia davantage, fut d'être autorisé par lui à porter constamment sur la tête une couronne de lauriers qui dissimulait sa tête chauve. Faiblesse humaine... Pope a bien eu raison de dire : « L'enfant est toujours homme, et l'homme est toujours enfant. »

---

[1] Voltaire.

LA VIEILLE ET LES DEUX SERVANTES.

(Livre V. — Fable 6.)

C'est ainsi que, le plus souvent,
Quand on pense sortir d'une mauvaise affaire,
On s'enfonce encore plus avant.

MORT DE CHARLES LE TÉMÉRAIRE (1477).

Après les défaites qu'il avait éprouvées à Granson [1] et à Morat, Charles le Téméraire, plus furieux que jamais contre les Suisses, s'était retiré à Pontarlier pour y rassembler les débris de son armée. Dans son exaspération, et ne respirant que la vengeance, il vivait dans la solitude, ne voulait même pas voir ses meilleurs amis, et s'abandonnait à son humeur noire et à ses emportements.

Le duc Réné avait profité des circonstances, et, aidé des Suisses, était rentré en Lorraine. Le duc de Bourgogne ne pouvant, vu le mécontentement de ses sujets, rassembler une nombreuse armée,

---

[1] Voir page 62 de ce volume.

n'écouta que sa rage, et vint, sans calculer sa faiblesse, mettre le siége devant Nancy où bientôt la famine, les maladies et surtout le froid, qui était très-rigoureux, décimèrent ses soldats. Les amis les plus dévoués de Charles lui conseillaient, mais en vain, de lever le siége, et le comte de Campo-Basso, qui commandait un corps d'aventuriers, lui ayant fait à ce sujet des représentations, le Téméraire lui donna un soufflet. L'Italien dissimula, mais il jura de se venger; l'occasion s'en présenta bientôt.

Le froid était devenu tellement excessif que le 25 décembre 1476, quatre cents Bourguignons en moururent ou eurent les pieds et les mains gelés ; néanmoins le duc ordonna un assaut qui fut repoussé. Le 29 décembre, le roi de Portugal, qui était cousin germain de Charles, se présenta au camp et s'offrit comme médiateur entre les combattants; tout fut inutile, et quoique repoussé dans un second assaut, le duc de Bourgogne se prépara à livrer bataille au duc de Lorraine qui venait à la tête d'une nombreuse armée au secours des assiégés.

Le 4 janvier 1477, Charles le Téméraire rangea ses soldats en bataille et plaça son artillerie sur une éminence dominant la route. Il avait une rivière à sa gauche, et une colline garnie de haies placée a sa droite, lui servait de retranchement. Il commandait le centre, et avait confié l'aile droite à Jacques Galeotto. Cette armée avait encore été réduite de beaucoup par la retraite du comte de Campo-Basso, qui avait quitté le camp deux jours avant, avec le corps dont il était le chef, et s'était présenté au duc de Lorraine en lui offrant ses services ; mais Réné consulta les capitaines suisses qui répondirent à l'unanimité : « Nous ne voulons point que ce traître d'Italien combatte à nos côtés ; nos pères n'ont jamais usé de tels services pour gagner l'honneur de la victoire. » Campo-Basso se retira, mais dans son désir de vengeance, oubliant les bienfaits de son maître, il alla se poster à quelques lieues de là, sur un pont, pour couper la retraite aux Bourguignons.

La neige tombait à gros flocons, le jour en était obscurci ; les Lorrains et les Suisses étaient à portée de l'artillerie bourguignonne quand toute l'armée s'arrêta. Un vieux prêtre leur fit la prière et leur dit : « Le Dieu de David, le Dieu des batailles combattra pour vous ! » Les soldats prosternés baisèrent la terre couverte de neige, puis attaquèrent hardiment les ennemis.

Comme avancer de front eût été s'exposer à de grandes pertes, l'avant-garde suisse, suivant un sentier étroit, traversa le bois et parut sur le sommet du coteau ou s'appuyait l'aile droite des Bourguignons. Les trompes firent alors retentir l'air de ces accords sauvages qui, rappelant aux soldats du duc les journées de Granson et de Morat, sonnèrent pour eux, disent les chroniqueurs, comme un glas funèbre : leurs visages pâlirent... seul le Téméraire n'en fut pas ému, et quand le combat s'engagea, il y déploya sa valeur habituelle. Il tenait tête avec ses archers aux Suisses qui descendaient de la colline, il dirigeait, il animait ses troupes, et malgré leur découragement, lui seul espérait encore vaincre quoique cerné par une armée quatre fois plus nombreuse que la sienne.

Quelques braves soutenaient ses efforts, mais l'élan des Suisses était irrésistible : bientôt Galeotto fut tué avec ses principaux chevaliers, et l'aile droite mise en déroute. L'aile gauche, que commandait Josse de Lalain fut enfoncée par le duc de Lorraine. Alors, des traîtres que Campo-Basso avait laissés à dessein parmi les Bourguignons, crièrent : Sauve qui peut! La panique devint générale; les soldats lâchèrent pied de tous côtés et s'enfuirent vers le pont de Bouxières, mais là, les Italiens leur coupèrent la retraite tandis que la garnison de Nancy, qui venait de faire une sortie, les dispersait dans toutes les directions. Le désordre fut tel qu'on ne sait dans la mêlée ce que devint Charles le Téméraire. Les uns affirmaient l'avoir vu tomber de cheval, étourdi d'un coup de hallebarde, d'autres disaient qu'il s'était remis en selle en s'enfonçant au plus épais des bataillons ennemis.

Les Suisses et les Lorrains poursuivirent les Bourguignons avec un tel acharnement que ceux qui ne furent pas tués, périrent en traversant la Meurthe, ou succombèrent de faim et de froid en cherchant un refuge dans les bois.

Le duc Réné fit son entrée à Nancy aux acclamations d'une vaillante population heureuse d'être délivrée, car elle avait bien souffert dans ce siége, et s'était vue réduite à se nourrir de chiens, de rats et d'autres animaux immondes.

Les recherches que le duc de Lorraine ordonna de faire pour savoir ce qu'était devenu Charles le Téméraire avaient été vaines ; ce ne fut que plusieurs jours après qu'on découvrit son cadavre près d'un étang ; il était enfoncé dans la vase avec une douzaine de corps dépouillés. Une pauvre blanchisseuse aperçut au doigt d'un de ces cadavres un anneau de diamant, elle l'examina de près et reconnut le Téméraire, quoiqu'une partie de la peau de la figure eût été enlevée par la glace, et qu'une joue eût été dévorée par les loups. Le corps du vaillant prince était criblé de blessures ; la tête avait été fendue d'un coup de hache depuis l'oreille jusqu'à la bouche ; un coup de pique lui avait traversé les reins, et un autre la cuisse.

Le duc était méconnaissable, mais son médecin, son chapelain ainsi que son frère, déclarèrent son identité à la vue d'une cicatrice qu'il avait au cou depuis la bataille de Monthléry ; à deux dents qui lui manquaient ; à la trace de deux abcès qu'il avait eus l'un à l'épaule, l'autre au bas-ventre, et surtout à l'anneau qu'il portait au doigt.

Dès que le duc de Lorraine apprit que le corps du duc de Bourgogne était retrouvé, il le fit transporter à Nancy, et lui rendit de grands honneurs funèbres.

Ainsi périt misérablement Charles le Téméraire, victime de son imprudence et surtout de son désir immodéré de se venger des Suisses : il justifia ces paroles de La Fontaine « que le plus souvent quand on pense sortir d'une mauvaise affaire, on s'enfonce encore plus avant. »

LE SATYRE ET LE PASSANT.

(Livre V. — Fable 7.)

Arrière ceux dont la bouche
Souffle le chaud et le froid!

ASSASSINAT DU DUC DE GUISE PAR POLTROT (1563).

Après la victoire de Dreux, le duc de Guise faisait le siége d'Orléans où s'était réuni le parti protestant et se disposait à donner un assaut à la place.

Un fanatique huguenot nommé Jean Poltrot de Merey, échauffé par la lecture de l'Ancien Testament et par l'admiration prodiguée aux libérateurs des Juifs, se crut appelé par Dieu même à délivrer ses coreligionnaires et forma le projet d'assassiner le duc de Guise. Cet homme avait été employé comme espion dans l'armée de Coligny; il avait longtemps vécu en Espagne et par son teint, sa taille, ses habitudes et son langage, passait pour être de ce pays, quoique natif de l'Angoumois: il était insinuant et adroit et se servit d'une ruse pour parvenir jusqu'au duc de Guise. Il feignit d'être touché par la grâce et de vouloir se convertir à la foi catholique, puis il vint près du duc avec une lettre de recommandation d'un seigneur de ses amis, en demandant comme une faveur de servir sous les ordres d'un des plus vaillants défenseurs du catholicisme.

Le duc de Guise était sans défiance ; il avait une grandeur d'âme et une bravoure telles que quelque temps auparavant, il n'avait même pas voulu qu'on arrêtât un homme qui s'était vanté de le tuer ; il accueillit le soi-disant converti avec une grande bienveillance et comme il sut qu'il était peu fortuné, il lui donna la table et le logis. Poltrot feignit une grande reconnaissance, se rapprocha autant qu'il put de celui dont il méditait la perte et dans un combat qui eut lieu, se conduisit avec tant de bravoure, que son bienfaiteur, grand admirateur du courage, augmenta de bonté pour lui. Ce misérable avait fréquemment occasion d'approcher le prince, mais comme celui-ci était presque toujours accompagné, il n'avait pu trouver le moment favorable pour accomplir son dessein.

Un soir, le duc de Guise devait se rendre près de la duchesse sa femme à quelque distance du camp. Il se mit en route vers la brune, accompagné de deux ou trois personnes seulement. Poltrot était du nombre: tout à coup, il mit son cheval au galop et partit en avant, disant qu'il allait avertir la duchesse de l'arrivée de son mari. Il s'arrêta derrière une haie à quelque distance et lorsque le duc passa, il le reconnut parfaitement à son aigrette blanche malgré l'obscurité, et l'ajusta avec un pistolet à six pas de distance au défaut de la cuirasse près de l'aisselle. Le grand homme tomba blessé mortellement: l'assassin mit son cheval au galop et s'enfuit dans le bois, mais il s'égara et fut arrêté le lendemain. Mis à la torture, Poltrot fit des aveux; il prétendit avoir reçu de l'argent de Coligny pour commettre cet assassinat: il parla même de la reine Catherine de Médicis, et rétracta ensuite au moment de mourir tout ce qu'il avait avoué. Il fut condamné par le parlement de Paris à être déchiré avec des tenailles ardentes, puis tiré à quatre chevaux et écartelé.

LE CHEVAL ET LE LOUP.

(Livre V. — Fable 8.)

Chacun à son métier doit toujours s'attacher.
  Tu veux faire ici l'arboriste (herboriste),
  Et ne fus jamais que boucher.

———

LE PROTECTEUR CROMWELL.

Parmi les plus illustres hypocrites ayant sans cesse le nom de Dieu à la bouche et cachant leur cruauté sous des dehors de vertu, il faut compter en première ligne le protecteur Cromwell, ce fourbe de génie, si bien décrit par Bossuet :

« Cet homme, dit le grand écrivain, est d'une profondeur d'esprit incroyable : hypocrite raffiné autant qu'habile politique, capable de tout entreprendre et de tout cacher ; également actif et infatigable dans la paix comme dans la guerre : il ne laisse rien à la fortune de ce qu'il peut lui ôter par conseil et par prévoyance ; il est, du reste, si vigilant et si prêt à tout qu'il n'a jamais manqué les occasions qu'elle lui a présentées ; enfin, c'est un de ces esprits remuants et audacieux qui semblent être nés pour changer le monde. »

L'austérité religieuse était le levier dont Cromwell se servait pour soulever le fanatisme des masses : il ne parlait que par versets de l'Écriture Sainte et citait la Bible à tout propos. Il menait une vie sombre et retirée et ne déployait aucun faste. Toutes ses démarches, toutes ses actions, paraissaient n'avoir d'autre but que la plus grande gloire de Dieu, mais c'était un masque dont il se servait pour cacher sa cruauté naturelle, et comme dit Boileau :

> Rien n'égale en fureur, en monstrueux caprices,
> Une fausse vertu qui s'abandonne aux vices.

Le mépris que Cromwell professait pour l'humanité se peint bien dans les paroles qu'il prononça en faisant son entrée à Londres, lorsqu'il fut nommé protecteur. A la vue de la foule qui accourait de tous côtés sur son passage et le saluait de ses acclamations, il prononça ces paroles sinistres : « Il y aurait autant d'affluence de la part du peuple, si l'on me conduisait à l'échafaud... »

LE LABOUREUR ET SES ENFANTS.

(LIVRE V. — FABLE 9.)

Travaillez, prenez de la peine :
C'est le fond qui manque le moins.

JACQUES AMYOT (1513-1593).

Parmi les hommes d'obscure naissance qui sont parvenus aux premières dignités par leur travail et leur mérite, il faut citer le savant Jacques Amyot.

Né à Melun, en 1513, de parents pauvres, il vint à Paris dans sa jeunesse et servit de domestique à quelques étudiants nobles qu'il accompagnait aux écoles. Amyot portait les livres de ces étourdis, et sa passion pour la science était telle, que pendant tout le temps qu'il marchait derrière eux, il lisait constamment en cachette Les écoliers, plus désireux de jouer que d'apprendre, manquaient fréquemment les leçons, pendant que leur domestique assis dans un coin de la salle en les attendant, cherchait à saisir les explications du professeur, les commentait et les étudiait avec fruit. Le peu d'argent qu'il économisait lui servait à acheter les meilleurs auteurs anciens ; puis il passait une partie des nuits dans l'étude et la méditation.

Combien il fallut de volonté et de courage à Jacques Amyot pour se livrer tous les jours à un travail abrutissant auquel sa misère l'obligeait : combien il eut de peine et de difficultés pour parvenir, sans maîtres et sans argent, à apprendre le grec et le latin ! Les érudits seuls peuvent apprécier ce qu'il déploya de patience et de persistance pour accomplir ce travail gigantesque.

Enfin il abandonna l'état de domestique, entra dans les ordres, puis devint précepteur et eut parmi ses élèves les enfants d'un secrétaire d'État. Ce gentilhomme fut tellement satisfait des progrès qu'Amyot fit faire à ses élèves, qu'il le recommanda à la duchesse de Berry, sœur de François Ier. Il obtint alors une chaire de professeur de latin et de grec à Bourges et fut pourvu de l'abbaye de Bellozanne, ordre des Prémontrés ; sa traduction de *Theagène et Chariclée*, le rendit si célèbre que son érudition le fit choisir par le roi Henri II comme précepteur de ses enfants : c'est à ce prince qu'il dédia les *Vies de Plutarque ;* ce chef-d'œuvre de grâce et de naïveté. Sous le règne de Charles IX, Amyot traduisit les *Œuvres morales*, dédiées à ce monarque : il parvint alors au comble de la faveur, obtint l'abbaye de St-Corneille de Compiègne, puis l'évêché d'Auxerre. Son élève le nomma enfin grand aumônier de France et commandeur de l'ordre du Saint-Esprit.

Amyot mourut en 1593 après avoir parcouru pour ainsi dire tous les degrés de l'échelle sociale, et cela dans un temps où il était difficile, sans être noble, d'avoir accès auprès des grands : il fallut que ce savant eût un mérite transcendant, une érudition hors ligne et qu'il ait joint à tout cela, l'art de se faire aimer de ses élèves et celui plus difficile encore de se produire dans le monde, pour parvenir aux premières dignités, malgré la foule d'envieux et de détracteurs que son génie et sa brillante fortune durent lui susciter.

LA MONTAGNE QUI ACCOUCHE.

(Livre V. — Fable 10.)

. . . . *Chacun, au bruit accourant,*
Crut qu'elle accoucherait sans faute
D'une cité plus grosse que Paris :
Elle accoucha d'une souris.

L'INVINCIBLE ARMADA (1588).

Le roi Philippe II, qui avait l'intention de s'emparer de la Grande-Bretagne, faisait depuis cinq ans des préparatifs immenses pour équiper la flotte la plus formidable qui eût encore sillonné les mers. Quoiqu'il eût l'air d'entretenir de bonnes relations diplomatiques avec la reine Élisabeth, tous ses efforts ne tendaient qu'à faire une descente en Angleterre, et à y rétablir la religion catholique.

La flotte, à laquelle on donnait le nom d'*invincible armada* [1] se composait de cent trente-cinq navires de toutes les dimensions, montés par vingt mille

---

[1] *Armada* signifie flotte, en espagnol.

soldats et huit mille matelots : c'était le marquis de Santa-Cruz, habile marin, qui devait commander cette escadre qui aurait été immédiatement suivie de trente-cinq mille hommes de renfort.

Le pape Sixte V avait promis un subside d'un million de couronnes, payable aussitôt que l'armée espagnole débarquerait en Angleterre; l'enthousiasme était tel que tout ce qui appartenait à la noblesse d'Espagne et d'Italie, voulait se joindre à cette grande entreprise.

La reine Élisabeth, avertie par de sourdes rumeurs, crut prudent de mettre les côtes en état de défense, et d'enrôler tous les hommes de dix-huit à soixante ans, pour marcher au premier signal. Elle prépara également une escadre de trente-quatre vaisseaux de guerre montée par cinq mille matelots; on ajouta à cette flotte quatre-vingts bâtiments marchands donnés ou loués par des particuliers, et que l'on équipa tant bien que mal.

L'*armada* était prête à mettre à la voile, quand le marquis de Santa-Cruz mourut et fut remplacé par le duc de Médina-Sidonia, nommé amiral sans avoir jamais navigué. La flotte quitta le Tage le 19 mai 1588, et fut accueillie presque à sa sortie par une tempête furieuse qui dispersa les vaisseaux et en fit échouer plusieurs sur les côtes de France et d'Espagne. Le duc relâcha à la Corogne, et mit trois semaines à réunir sa flotte et à la réparer.

Cependant Médina-Sidonia avait ordre de faire

voile jusqu'aux côtes de Flandre, de se joindre au duc de Parme, puis alors de se diriger sur la Tamise et d'opérer le débarquement après la réunion de toutes les forces espagnoles. Lorsque cette immense escadre pénétra dans la Manche, la flotte anglaise la suivit, détruisit les bâtiments restés en arrière à cause de leur lourdeur, de sorte que l'amiral castillan se vit alors forcé de ralentir sa marche pour protéger des navires qu'un audacieux ennemi désemparait par des engagements successifs. Il perdit ainsi beaucoup de temps, et comme il était proche de la côte, entre Calais et Ostende, les Anglais profitèrent d'une nuit sombre pour lancer des brûlots, qui incendièrent plusieurs galères espagnoles ; le feu se communiquait rapidement ; pour échapper au désastre, les navires firent de fausses manœuvres, s'entrechoquèrent, plusieurs sombrèrent, et quand le gros de la flotte prit la haute mer, un mauvais temps qui s'éleva anéantit quinze vaisseaux et quatre mille huit cents hommes.

Médina tint alors conseil avec ses officiers, et quoiqu'il eût encore cent vingt bâtiments, il n'osa pas tenter de revenir sur ses pas par la Manche à cause de la flotte anglaise qu'il fallait traverser, et se détermina à faire route en contournant le nord de l'Écosse et de l'Irlande, parcourant ainsi ces mers inhospitalières du Nord, qui lui étaient inconnues et où il éprouva de nombreuses bourrasques ; si bien que lorsque l'amiral espagnol atteignit le port de Saint-André, il avait perdu trente vaisseaux de premier rang et dix mille hommes.

C'est ainsi que grâce aux éléments et à l'ineptie du duc de Médina-Sidonia, l'Angleterre fut délivrée d'un danger qui paraissait des plus redoutables, et que cette *invincible armada*, sur laquelle on avait fondé de si grandes espérances, devint semblable à la montagne qui accouche d'une souris, et fut réduite au néant le plus complet.

LA FORTUNE ET LE JEUNE ENFANT.

(Livre V. — Fable 11.)

Est-on sot, étourdi, prend-on mal ses mesures;
On pense en être quitte en accusant son sort;
Bref, la Fortune a toujours tort.

DESTRUCTION DE LA FLOTTE TURQUE A TCHESMÉ
(1770).

Catherine II, impératrice de Russie, faisait la guerre à la Turquie, et une flotte, sous le commandement du comte Alexis Orlof, pénétrant dans la Méditerranée, avait livré aux Turcs, près de l'île de Chios, un combat naval dans lequel les deux vaisseaux amiraux avaient sauté en l'air, sans que ni Spiridof, ni Hassan-Bey qui les commandaient y perdissent la vie; mais le comte Orlof, qui dirigeait en personne la réserve, avait attaqué la flotte turque à l'abordage, et en avait détruit une partie. Le reste s'était réfugié dans la baie de Tchesmé vis-à-vis de Chios et y était entré précipitamment comme dans un asile sûr. L'escadre avait jeté l'ancre dans cette baie étroite dont l'ouverture déjà très-resserrée l'était encore davantage par un rocher qui s'élevait au milieu des eaux.

Quatre vaisseaux russes se placèrent de façon à intercepter la sortie dans le cas que les Turcs voulussent la tenter.

Cependant Hassan-Bey qui, malgré ses blessures, s'était fait porter au lieu du danger, représenta au capitan-pacha l'extrême péril auquel il exposait la flotte ottomane; lui conseilla de sortir au plus vite, et de risquer même le combat plutôt que de s'enfermer ainsi : mais, c'était justement ce que voulait éviter le chef, car il se croyait bien protégé par la forteresse de Tchesmé et par les batteries de la côte; il ne voulut donc écouter aucun conseil et employa la journée suivante à établir d'autres batteries sur le rivage Il plaça en travers, dans l'intérieur du golfe, quatre gros navires qui en fermèrent l'entrée, et se crut inattaquable.

Au milieu de la nuit du 6 au 7 juillet 1770, deux brûlots, escortés de trois vaisseaux de ligne, d'une frégate et d'une bombarde russes, s'avancèrent et firent un feu continuel avec des grenades, des boulets rouges et de la mitraille : les Turcs leur ripostèrent, mais leurs adversaires étant parvenus à l'entrée de la baie, y introduisirent les deux brûlots qu'un vent favorable poussa au milieu des vaisseaux ottomans; l'un de ces brûlots sauta trop tôt et fut inutilisé, mais l'autre gagna le centre de l'ennemi, s'accrocha à un vaisseau turc, puis le feu se communiqua à trois autres navires. Alors les bâtiments moscovites s'éloignèrent en toute hâte, en se faisant remorquer par de nombreuses chaloupes montées par leurs équipages.

La flotte turque, resserrée dans un espace étroit, ne pouvait échapper à l'incendie : bientôt le feu gagna de navire en navire et le vent s'étant élevé, l'escadre entière brûla sous les yeux des Russes étonnés d'un si terrible spectacle. Le golfe de Tchesmé n'était plus qu'un globe de feu ; les équipages turcs abandonnaient les vaisseaux et cherchaient à gagner la terre, mais comme les canons étaient chargés, lorsque la flamme les échauffait, ils partaient et foudroyaient le rivage en tuant les malheureux qui venaient d'échapper à l'incendie. Quand le feu gagna les soutes à poudre, les navires sautèrent en rejetant au loin, avec leurs débris, les corps mutilés d'une foule de victimes. Le désastre s'étendit jusque sur terre et la forteresse, la mosquée et une partie de la ville de Tchesmé furent détruites de fond en comble. Le fracas causé par les explosions fut tel qu'à Smyrne la terre trembla quoiqu'on fut éloigné de dix lieues du théâtre du sinistre. Les vaisseaux russes étaient agités comme par une violente tempête. Cet affreux spectacle dura pendant cinq heures et pas un navire turc n'échappa à la destruction.

Jamais victoire aussi signalée ne coûta si peu de monde aux vainqueurs : on ignorait pour ainsi dire encore en Europe le nom de la marine moscovite ; ce haut fait fut son début : elle aurait pu s'appliquer avec orgueil ces vers de Corneille :

Mes pareils à deux fois ne se font point connaître,
Et pour leurs coups d'essai veulent des coups de maître.

Quant au capitan pacha dont l'imprudence et l'ineptie causèrent cet horrible désastre, il dit qu'il était victime de la fatalité : n'eût-il pas mieux fait de méditer les paroles qui terminent cette fable :

Est-on sot, étourdi, prend-on mal ses mesures ;
On pense en être quitte en accusant son sort ;
Bref, la fortune a toujours tort.

LA POULE AUX ŒUFS D'OR.

(Livre V. — Fable 13.)

L'avarice perd tout en voulant tout gagner.

LE ROI DARIUS.

L'avarice, ce vice affreux qui augmente sans cesse jusqu'à la fin de la vie, a fait dire à Mme Deshoulières :

> L'avare, en expirant, regrette moins le jour
> Que ses inutiles richesses.

Et pourtant à quoi servent à l'avare tous ces trésors inutiles qu'il ne peut emporter dans la tombe ?

Le roi Darius, en visitant le tombeau de Sémiramis y lut cette inscription : « Que celui des rois qui aura besoin d'argent fasse ouvrir ce tombeau, et qu'il y prenne tout ce qu'il voudra. »

Darius, quoique déjà comblé de richesses, s'imagina qu'il allait trouver dans ce sépulcre des trésors fabuleux : il fit creuser et descendit jusqu'au fond du mausolée ; il n'y trouva qu'un squelette, avec cette inscription gravée sur une pierre: « Si tu n'étais pas le plus méchant des rois et si tu n'étais pas dominé par une avarice insatiable, tu n'aurais pas troublé la cendre des morts. »

L'ANE PORTANT DES RELIQUES.

(Livre V. — Fable 14.)

D'un magistrat ignorant
C'est la robe qu'on salue.

THIERRY Ier ET EBROÏN, MAIRE DU PALAIS (670-680).

Thierry Ier, de la race mérovingienne, a mérité d'être classé parmi les rois fainéants : il était dominé par Ebroïn, maire du palais, qui ne lui laissait prendre aucune part aux affaires et le tenait comme renfermé. Cependant, comme un des principaux revenus de la couronne consistait dans les dons que les évêques et les grands étaient tenus d'offrir au roi au mois de mars de chaque année, Ebroïn ne manquait pas à cette époque de faire paraître en public le pusillanime monarque que l'on plaçait sur un chariot découvert traîné par des bœufs. Le prince, couronne en tête et revêtu de ses habits royaux, recevait de la foule les dons qu'elle lui présentait en se prosternant, avec les plus grandes marques de respect. Le peuple savait pourtant bien que le pouvoir du roi était nul et que le maire du palais, placé à cheval à la tête des troupes et le bâton de commandement à la main, était le véritable maître, et non ce fantôme de roi, en qui on n'honorait que le costume.

LE CERF ET LA VIGNE.

(Livre V. — Fable 15.)

Vraie image de ceux qui profanent l'asile
Qui les a conservés.

ÉTABLISSEMENT DE VILLEGAIGNON AU BRÉSIL (1555).

Sous le règne de Henri II, Gaspard de Coligny, amiral et colonel général de l'infanterie, était considéré comme le chef du parti protestant ou huguenot, comme on l'appelait alors. Dans le but d'assurer à ses coreligionnaires un asile où ils fussent à l'abri des persécutions dont ils commençaient déjà à être victimes et qui devaient bientôt ensanglanter la France, il forma le projet de fonder une colonie au delà de l'Atlantique et en obtint du roi la permission.

Le Brésil, dont les voyageurs faisaient de pompeuses descriptions, fut choisi pour siége de cette nouvelle colonie, et on lui donna pour chef Nicolas Durand de Villegaignon, vice-amiral de Bretagne, qui appartenait à la religion réformée.

Après bien des traverses, l'expédition composée de trois navires parvint enfin à Rio de Janeiro, le 14 novembre 1555.

Pour résister aux attaques des Portugais qui s'étaient déjà installés à Saint-Vincent, Villegaignon établit sa demeure dans une île isolée de la baie et y construisit un fort qui porte son nom et qui existe encore aujourd'hui.

Au lieu de chercher à attirer les naturels du pays par la douceur, le nouveau venu montra bientôt son caractère dur et emporté : gardant toutefois le masque de l'hypocrisie, il écrivit à Coligny en demandant de nouveaux secours, puis à Calvin lui-même en sollicitant l'envoi de ministres de sa secte pour catéchiser les sauvages. Tous deux, trompés par ses protestations de respect et de gratitude, s'empressèrent de contenter ses désirs et lui envoyèrent cent vingt hommes embarqués sur trois navires. Quelques ministres protestants faisaient partie de l'expédition qui arriva à Rio de Janeiro en mars 1557.

Villegaignon changea alors complétement : au lieu de se montrer reconnaissant envers l'amiral qui l'avait ainsi protégé, il abjura le protestantisme et accabla de mauvais traitements ses anciens coreligionnaires et en particulier les nouveaux venus.

Il traita indignement Philippe de Corguilleray, seigneur du Pont, qui, se confiant dans ses promesses, avait quitté sa retraite de Genève où ses vieux jours s'écoulaient tranquilles, et feignant de croire à la complicité de Richier et de Chartier, ministres calvinistes, avec quelques soldats écossais qui s'étaient révoltés contre son despotisme, Villegaignon les força à se réfugier tous sur le continent en mendiant un abri parmi les sauvages. Il jeta ensuite ces infortunés à bord du *Jacques* pour les reconduire en France et remit au capitaine Martin Baudoin une sorte de procès et de jugement, par lui dressé, qui demandait à toutes les autorités des ports français où le mauvais temps pourrait les forcer de relâcher, de les faire tous pendre comme rebelles et traîtres. Cette noire perfidie ne fut d'aucun effet, car les malheureux abordèrent, dénués de tout, en Bretagne où leur parti dominait.

Les cruautés et les parjures de Villegaignon lui firent donner par ses contemporains le surnom de *Caïn* de l'Amérique : son ingratitude seule suffirait pour le flétrir aux yeux de la postérité.

<small>Malheur aux cœurs ingrats et nés pour les forfaits,
Que les douleurs d'autrui n'ont attendris jamais!</small>

LE SERPENT ET LA LIME.

(Livre V. — Fable 16.)

Ceci s'adresse à vous, esprits du dernier ordre,
Qui, n'étant bons à rien, cherchez surtout à mordre.
Vous vous tourmentez vainement.
Croyez-vous que vos dents impriment leurs outrages
Sur tant de beaux ouvrages?
Ils sont pour vous d'airain, d'acier, de diamant.

LES DÉTRACTEURS D'HOMÈRE.

Homère, ce chantre de l'Iliade et de l'Odyssée, qui a toujours été considéré comme le père de la poésie, a cependant trouvé des détracteurs: le plus acharné fut Zoïle, qui tourna ses œuvres en ridicule et le poursuivit de ses sarcasmes sans parvenir toutefois à entamer sa gloire; semblable au verre, il alla se briser contre ces belles strophes pures et brillantes comme le diamant :

> Zoïle contre Homère en vain se déchaîna;
> Et la palme du Cid, malgré la même audace,
> Croît et s'élève encore au sommet du Parnasse 1.

Cet astre éclatant souleva aussi l'envie d'un autre écrivain nommé Naucrates, qui accusa Homère, sans toutefois fournir de preuves à l'appui, d'avoir copié dans la bibliothèque de Memphis (aujourd'hui le grand Caire), des ouvrages qu'il nous a donnés comme étant de sa composition.

Dans des temps bien plus modernes, l'abbé Boisrobert, si en faveur près de Richelieu, tourna Homère en ridicule; Desmarets de Saint-Sorlin, enfin Charles Perrault lui-même, et Houdart de la Mothe, l'abbé Terrasson et l'abbé de Pons renouvelèrent plus modernement encore une polémique tendant à rabaisser le prince des poëtes.

> La vertu dans le monde est toujours poursuivie,
> Les envieux mourront, mais non jamais l'envie 2.

Leurs efforts furent vains, et ce qu'ils firent pour déprécier ce talent transcendant ne servit qu'à faire découvrir dans ses écrits de nouvelles beautés qui n'avaient pas été appréciées.

Les mêmes attaques que l'envie dirigeait contre Homère n'ont-elles pas été imitées à l'égard de presque tous les génies hors ligne qui ont illustré

---

1 Piron.
2 Molière.

le genre humain? cette jalousie ne semble-t-elle pas s'attacher à tout ce qui est grand et digne d'admiration comme pour obscurcir ce que la gloire a d'éblouissant? Ne dit-elle pas sans cesse au poëte le peu de stabilité et le néant des choses humaines comme jadis ces esclaves que les Romains plaçaient derrière le char du triomphateur pour le rappeler à l'humilité?

LE LIÈVRE ET LA PERDRIX.

(Livre V. — Fable 17.)

Il ne se faut jamais moquer des misérables :
Car qui peut s'assurer d'être toujours heureux ?

CATHERINE D'ARAGON ET ANNA BOLEYN (1536).

L'odieux Henri VIII [1] avait répudié sa femme, la reine Catherine, pour s'attacher à la belle et légère Anna Boleyn ; dans le but de satisfaire sa passion, ce puissant monarque avait foulé aux pieds la religion, la justice et l'honneur ; mais les remords le rongeaient au milieu de sa grandeur ; son cœur avide de plaisir ne pouvait s'en rassasier ; son tourment était dans ses vices mêmes.

La vertueuse Catherine d'Aragon, au contraire, était calme dans son infortune. Son admirable résignation ne s'était pas démentie depuis trois ans : seule, presque sans ressources, elle habitait un manoir éloigné parce que, par amour pour sa fille

---

[1] Voir page 20 de ce volume.

Marie, elle n'avait pas voulu quitter l'Angleterre, et avait refusé l'asile honorable que lui offrait sa famille en Espagne.

Depuis la mort cruelle de son confesseur Forest, exécuté par ordre du roi, ainsi que More et Fisher ses fidèles serviteurs, la reine, saisie d'une violente douleur, s'affaiblissait graduellement, et une maladie de langueur la conduisait au tombeau. Se sentant près de sa fin, elle écrivit à Henri VIII la lettre la plus touchante en le suppliant de lui laisser voir sa fille ; le tigre couronné lui refusa cette consolation ; seulement, lorsqu'on vint lui apprendre que Catherine n'avait plus que peu d'heures à vivre, il se ravisa, et quand la jeune Marie fut conduite près de sa mère, elle n'embrassa qu'un cadavre.

Cette reine martyre, si outragée pendant sa vie, et si digne d'un meilleur sort, fut inhumée avec pompe dans l'église de l'abbaye de Peterborough, en janvier 1536.

Henri VIII eut la fantaisie d'ordonner un deuil général le jour de l'inhumation de l'infortunée Catherine, mais Anna Boleyn, ravie de joie d'apprendre la mort de la reine, dédaigna cette prescription ; elle eût l'impudeur de se vêtir d'une de ses plus brillantes parures, et s'écria : « Dieu soit loué ! je n'ai plus de rivale ; je suis reine enfin ! »

L'imprudente avait oublié l'inconstance naturelle de Henri VIII, qui déjà commençait à se fatiguer de sa nouvelle passion ; en cette occasion, non par regret pour la feue reine, mais par respect pour l'étiquette, il témoigna à Anna Boleyn le plus grand mécontentement de sa conduite et de son peu d'égards pour ses volontés.

Bientôt la nouvelle reine fut tourmentée par la jalousie, car elle eût la preuve qu'elle avait été remplacée dans le cœur du monarque par la jeune Jeanne Seymour, une de ses filles d'honneur.

Anna Boleyn avait de nombreux ennemis, que sa rapide fortune lui avait suscités; quand ils virent qu'elle n'était plus la favorite de Henri VIII, ils saisirent toutes les occasions pour la noircir : elle n'avait été que gaie, coquette, légère dans ses discours et vaine de sa beauté; on envenima ses actions les plus innocentes, on l'accusa d'inconduite, des crimes les plus odieux, et le roi d'Angleterre, qui ne demandait qu'un prétexte pour se débarrasser d'elle, le saisit avec empressement, la fit accuser d'adultère et renfermer à la tour de Londres. Elle se jeta à genoux, prit Dieu à témoin de son innocence, mais tout fut inutile; son désespoir était si grand que par moments elle avait des accès de démence. Dans les instants lucides, quand l'horreur de sa situation revenait à sa pensée, combien l'infortunée dut regretter l'instant d'égarement où elle avait ri du malheur de la noble Catherine d'Aragon. « Il ne se faut jamais moquer des misérables; et qui peut s'assurer d'être toujours heureux ? »

On instruisit le procès d'Anna, et quoiqu'on n'ait

eu aucune preuve légale contre elle, le tribunal, qui l'avait sans doute condamnée à l'avance, la déclara coupable et statua qu'elle serait brûlée vive ou décapitée, suivant le bon plaisir du roi. Anna, à qui l'on n'avait pas même accordé d'avocat, se défendit avec tant de présence d'esprit et d'éloquence qu'elle espéra un moment avoir touché ses juges : peine inutile !... rien ne pouvait la sauver.

Anna Boleyn était une femme d'un talent supérieur. La lettre que, pour l'attendrir, elle écrivit à son odieux époux, lettre que l'histoire nous a conservée, prouve que son esprit était cultivé. Quand elle comprit toute l'étendue de son infortune, elle se prépara à la mort avec courage et résignation. Quelques instants avant de placer sa tête sur le billot, elle dit du ton le plus doux et le plus gracieux, à ceux qui l'entouraient : « Je suis condamnée à mourir et il faut que je meure ! Je ne veux inculper personne, je ne veux rien dire des accusations dont on m'a chargée. Dieu protége le roi ! c'est un prince aimable, un souverain clément et doux ! Je vous dis à tous un dernier adieu, veuillez prier pour moi ! »

Ainsi périt l'infortunée, le 19 mai 1536; et si l'on considère l'époque de la mort de Catherine d'Aragon, on verra que quatre mois à peine avaient suffi pour faire passer sa rivale de l'extrême puissance à l'échafaud.

Henri VIII, non content de sa vengeance, fit

déclarer illégitime l'enfant qu'il avait eu d'Anna Boleyn, s'habilla de blanc le jour de sa mort, et épousa Jeanne Seymour le lendemain matin.

Quand l'histoire nous présente un semblable monstre réussir dans ses entreprises, exécuter tous ses forfaits sans aucun empêchement, on espère avec le poëte [1], et l'on dit avec lui :

> Si pour nous accabler de maux et de malheurs
> La terre a ses tyrans, le Ciel a ses vengeurs.

[1] Crébillon.

L'AIGLE ET LE HIBOU.

(Livre V. — Fable 18.)

. . . . N'en accuse que toi,
Ou plutôt la commune loi
Qui veut qu'on trouve son semblable
Beau, bien fait, et sur tous aimable.

LES CHINOIS.

Apprends toi-même à te connaître; c'est la devise du sage, et c'est pourtant ce que nous faisons rarement. En admirant nos enfants qui nous ressemblent, nous nous vantons nous-mêmes, et nous ne voyons dans les beautés d'autrui que celles qui se rapprochent le plus des nôtres.

Ce hibou, qui peint ses petits si jolis, si mignons, que l'aigle ne peut les reconnaître, rappelle les Chinois, qui se considèrent comme le premier peuple de la terre en civilisation et traitent toutes les nations européennes du nom de *barbares*.

Ils sont loin de comprendre que le nom de Barbares convient bien mieux au peuple qui regarde comme une action toute naturelle d'égorger ou de noyer ses propres enfants, quand l'excès de la misère fait craindre un surcroît de famille; à un peuple qui tient la vie humaine en si petite estime, que l'homicide se rachète par une amende pécuniaire plus ou moins forte, suivant la qualité ou le rang de la victime.

LE LION S'EN ALLANT EN GUERRE.

(Livre V. — Fable 19.)

Le monarque prudent et sage
De ses moindres sujets sait tirer quelque usage
Et connait les divers talents.
Il n'est rien d'inutile aux personnes de sens.

LES ENFANTS-PERDUS DU MARÉCHAL DE BRISSAC
(1540-1560).

Charles de Cossé-Brissac, dit le maréchal de Brissac [1], avait eu l'idée de former un corps composé de tous les gentilshommes qui avaient été condamnés au bannissement ou à être pendus en effigie, dans n'importe quelle province de France. Il disait qu'il fallait les utiliser au lieu de les chasser du pays : il les tenait sous une discipline très-sévère et réveillait ce qui restait encore en eux de sentiments d'honneur. Il sut ainsi, dans plusieurs occasions, tirer un très-grand parti de

---

[1] Voir page 56 de ce volume.

cette troupe d'hommes déterminés, qui affrontaient les plus grands périls dans l'espoir de se réhabiliter : on leur donna le nom d'*Enfants-Perdus* du maréchal de Brissac.

En parlant de ce corps dont la bravoure était remarquable, Brissac disait fréquemment que ces gentilshommes, s'ils étaient tués en combattant glorieusement, avaient du moins l'honneur d'avoir été utiles, et que s'ils sortaient vainqueurs des dangers auxquels ils s'exposaient, la gloire qu'ils avaient acquise les forçait de s'amender et de rentrer en eux-mêmes; qu'ainsi la patrie retrouvait en eux ses enfants perdus.

L'OURS ET LES DEUX COMPAGNONS.

(Livre V. — Fable 20.)

. . . . Il ne faut jamais
Vendre la peau de l'ours qu'on ne l'ait mis par terre.

LA GUERRE D'ESPAGNE (1808-1810.)

Après l'invasion et la conquête du Portugal, Napoléon médita, en 1808, de s'emparer de l'Espagne. Le vieux roi Charles IV lui avait cependant donné des preuves de dévouement; en plusieurs occasions ses vaisseaux s'étaient joints à nos escadres et ses soldats avaient combattu avec nous; mais l'empereur voulut profiter des funestes dissensions survenues entre le roi et le prince des Asturies, qui venait de forcer son père à abdiquer en sa faveur. Napoléon leur proposa son arbitrage, les attira tous deux à Bayonne, et, après plusieurs conférences, les trompa par de vaines promesses, puis les exila. Il déclara alors que le trône d'Espagne était vacant et qu'il allait y faire monter Joseph Bonaparte, son frère, qui était déjà roi de Naples, mais qui fut remplacé dans cette souveraineté par Murat, son beau-frère.

Une armée considérable entra dans la Péninsule : les maréchaux Moncey et Bessière remportèrent d'importantes victoires qui placèrent provisoirement Joseph sur le trône d'Espagne. Mais le pays tout entier se souleva d'indignation, et quoique sans armée organisée, sans argent et sans munitions, les Espagnols firent aux Français une telle guerre d'extermination que leurs infatigables *guerillas* tinrent en échec ces héroïques phalanges qui avaient vaincu sur tous les champs de bataille de l'Europe. C'était le lion sans cesse harcelé par le moucheron, s'épuisant en vains efforts contre son insaisissable ennemi.

Bientôt le général Dupont capitula à Baylen : les Espagnols, soutenus par les Anglais, reprirent l'offensive, et Joseph Bonaparte dut abandonner Madrid; tandis que Ferdinand VII était proclamé roi.

L'infatigable conquérant franchit les Pyrénées, entra en Espagne, et son arrivée ne tarda pas à changer la face des affaires : en quelques jours, une armée espagnole fut battue dans l'Estramadure, une autre dans la Galice; les corps insurgés de l'Andalousie furent écrasés et Napoléon entra triomphant à Madrid. Il vainquit le général Moore, qui fut tué en combattant, à la Corogne, à la tête de l'armée anglo-espagnole. Les débris des forces anglaises s'embarquèrent à la faveur de la nuit. Mais l'empereur ne put continuer le cours de ses succès; il dut revenir en France pour soutenir une nouvelle lutte avec l'Autriche, et il laissa à ses lieutenants le soin d'achever ce qu'il appelait la soumission de l'Espagne; c'était pourtant l'hydre de la fable dont les têtes coupées se renouvelaient sans cesse; et malgré les efforts du maréchal Lannes, de Soult, de Victor et de Gouvion-Saint-Cyr, les Français durent abandonner la Péninsule, et Ferdinand VII fut définitivement nommé roi des Espagnols.

Ainsi finit cette guerre meurtrière et acharnée, si remplie de traits héroïques de la part des deux partis, et qui coûta tant de sang à la France pour une cause aussi injuste. Napoléon, vainqueur de tant de peuples, n'avait pu croire à une pareille résistance de la part d'une petite nation; il vit « qu'il avait vendu la peau de l'ours avant de l'avoir couché par terre. »

Les Espagnols triomphèrent, parce que leur cause était celle de la justice et que leur dévouemet au prince légitime était tel qu'ils auraient pu lui adresser ces vers que Florian met dans la bouche du *laboureur de Castille :*

> Qu'importe qu'on t'ait pris Madrid?
> Notre amour t'est resté, nos corps sont tes murailles :
> Nous périrons pour toi dans les champs de l'honneur.
>   Le hasard gagne les batailles ;
> Mais il faut des vertus pour gagner notre cœur.

L'ANE VÊTU DE LA PEAU DU LION.

(Livre V. — Fable 21.)

Force gens font du bruit en France
Par qui cet apologue est rendu familier.
Un équipage cavalier
Fait les trois quarts de leur vaillance.

PATROCLE REVÊTU DES ARMES D'ACHILLE
(1186 ans avant J.-C.).

Les Grecs assiégeaient Troie [1] depuis neuf ans sans pouvoir s'en emparer. Depuis qu'Achille, irrité contre les Atrides avait refusé de combattre et s'était retiré dans sa tente, les Troyens enhardis avaient remporté quelques avantages sur l'armée grecque qui était en outre décimée par la peste.

Un jour les assiégés sortirent de leurs remparts et s'avançant jusque dans le camp ennemi, firent un grand massacre des Grecs. Patrocle, lié d'une

---

[1] Voir page 85 de cet ouvrage.

étroite amitié avec Achille, furieux de voir ainsi ses compatriotes reculer devant leurs adversaires, se revêtit du casque et de la cuirasse de son ami, et attaqua les Troyens. Quelques coups adroitement portés et surtout la vue de ces armes si connues des deux partis belligérants, rendirent le courage aux Grecs qui se crurent invincibles ayant de nouveau Achille parmi eux et répandirent la terreur dans les rangs troyens.

Patrocle « ainsi revêtu de la peau du lion » faisait tout trembler devant lui, quoique sa force et sa vaillance ne répondissent pas à son armure, quand le fier Hector qui depuis longtemps cherchait l'occasion de se mesurer avec le fils de Thétis et de Pelée, aperçoit et reconnaît ses armes dans la mêlée et barre le chemin à Patrocle qui se défend, mais d'un bras mal assuré. Dès les premiers coups, le Troyen, à son étonnement et à celui des deux armées, perce et tue son ennemi qui tombe pour ne plus se relever.

En apprenant la mort de son ami, Achille se livra au plus violent désespoir ; puis il jura de le venger et oubliant ses motifs de haine contre les Atrides, il combattit de nouveau dans les rangs des Grecs, provoqua Hector et l'immola aux mânes de Patrocle à la vue des deux armées. Pour assouvir sa rage, il attacha alors le cadavre du vaincu à son char et le traîna ainsi trois fois dans la poussière tout autour des murs de Troie, tandis que le père, la mère, les frères, la femme et le fils de la victime contemplaient du haut de leurs murailles cet affreux spectacle.

Peu de temps après, Achille lui-même mourait percé d'une flèche que le traître Pâris lui décochait pas derrière ; tant il est vrai que de tous temps « celui qui tire l'épée, périra par l'épée.

LIVRE SIXIÈME

LE PATRE ET LE LION. — LE LION ET LE CHASSEUR.

(Livre VI. — Fables 1 et 2.)

La vraie épreuve de courage
N'est que dans le danger que l'on touche du doigt :
Tel le cherchait, dit-il, qui, changeant de langage,
S'enfuit aussitôt qu'il le voit.

EXPÉDITION DE DUGUAY-TROUIN A RIO DE JANEIRO
(1711).

Le gouvernement français avait résolu d'envoyer une escadre au Brésil pour y ruiner les établissements du Portugal avec lequel il était en guerre. Le commandement en fut confié au brave Duguay-Trouin qui, à la tête de cinq vaisseaux et de trois frégates, partit de la Rochelle le 9 juin

1711, et parvint en vue des montagnes qui avoisinent Rio-de-Janeiro, le 22 septembre de la même année.

L'entrée de ce port [1] est défendue par les forteresses de Santa-Cruz et de S. José devant lesquelles il faut forcément passer, ce qui présente un grand danger. Duguay-Trouin profita d'un brouilbard épais, parvint dans la baie, passa devant les forts de Lage puis de Villegaignon dont le feu ne put l'arrêter, et une heure après il jeta l'ancre devant l'île das *Cobras* en face de la ville même de Rio-de-Janeiro.

Les batteries du *Morro de S. Bento*, dirigées par un français naturalisé portugais [2], endommagèrent un peu la flotte qui perdit trois cents hommes dans cette attaque. Bientôt ces batteries furent réduites au silence; soixante bâtiments marchands furent détruits et les vaisseaux de guerre portugais qui ne furent pas coulés, furent incendiés par l'ordre de leur amiral même [3].

Cependant le gouverneur D. François de Castro

---

[1] C'est *de visu* que l'auteur parle, dans cet article, des localités de Rio-de-Janeiro, pays qu'il a longtemps habité avec sa famille et dont il conserve un agréable souvenir.

[2] Ce Français, nommé du Bocage et natif de Normandie, fut le grand-père du célèbre poëte portugais de ce nom.

[3] Les Portugais avaient dans le port quatre vaisseaux et deux frégates; une force presque égale à l'escadre de Duguay-Trouin.

Moraes au lieu de chercher à s'opposer au débarquement des Français, s'était retiré à quelque distance de la ville au camp du *Rosario*; son armée l'avait suivi.

Duguay-Trouin, lorsqu'il débarqua à la plage du *Vallongo* avec 5,500 hommes, s'étonna de n'éprouver aucune résistance; il rangea ses troupes en bataille et envoya un aide de camp près du gouverneur, en lui intimant l'ordre de rendre la place au roi de France et en se plaignant amèrement de la manière affreuse dont les prisonniers de la première expédition avaient été traités, ainsi que de la mort de son chef Duclerc, traîtreusement assassiné après avoir capitulé.

F. de Castro Moraes répliqua « qu'il n'avait été ni la cause ni le complice de ces événements fâcheux, mais que pour livrer la ville de Rio-de-Janeiro aux ennemis du Portugal, il ne le ferait jamais et qu'il la défendrait jusqu'à la dernière goutte de son sang. »

Cette fière réponse, digne d'un spartiate, faisait présager une défense énergique; il n'en fut rien. Le gouverneur assembla un conseil, y annonça l'abandon de la capitale; ordonna que sous peine de mort, personne ne sortit de la ville et se retira précipitamment avec les troupes à *Engenho novo*. La désertion devint alors générale.

Duguay-Trouin ignorait ce qui se passait et ne voulait pas imiter Duclerc, qui avait eu l'imprudence d'entrer dans une ville ennemie avec de petites forces, de s'y faire enfermer et de devoir capituler. Il bombarda Rio de Janeiro pendant toute la nuit du 20 septembre 1711 et se préparait à donner un assaut général, quand il apprit que la cité était presque déserte et que les prisonniers français de la première expédition avaient brisé leurs chaînes et commençaient à piller. L'amiral s'avança, s'empara de tous les points importants et fit cesser le désordre. Beaucoup de magasins et de maisons avaient déjà été forcés ; les rues et les places étaient encombrées de marchandises, de meubles, de caisses de sucre et de tonneaux de vin, et ce que les pillards ne pouvaient pas prendre, ils le brûlaient pour se venger.

Duguay-Trouin mit fin à ces excès, et fit observer par ses troupes une discipline si sévère, que lorsque les habitants revinrent peu à peu dans leurs foyers, ils eurent pour lui une véritable estime.

L'amiral, cependant, avait hâte de quitter une ville qu'il ne pouvait conserver, et craignait d'un moment à l'autre d'y être attaqué par les troupes que le capitaine général de S. Paulo et de Minas dirigeait sur Rio-de-Janeiro. Il annonça qu'il brûlerait la ville si on ne lui donnait la somme de six cent dix mille *cruzados*[1], cent caisses de sucre, des vivres pour ses troupes, et donna quinze jours

---

[1] 610,000 cruzados équivalaient à 1,500,000 francs.

pour se décider. Francisco Castro de Moraes qui n'avait pas tiré l'épée, mais qui voulait excuser sa lâche conduite en ayant l'air d'y avoir été contraint par une force supérieure, adhéra à toutes les conditions proposées par l'amiral français, et signa ce traité le 10 octobre 1711, la veille même du jour où un renfort de trois mille hommes conduit par Antonio de Albuquerque lui arrivait de l'intérieur, ce qui, avec les troupes qu'il avait sous ses ordres, portait son effectif à plus de dix mille combattants.

Après le dernier payement de la somme promise pour la délivrance de la cité de Rio de Janeiro, Duguay-Trouin qui l'avait occupée pendant quarante-quatre jours, mit à la voile pour la France. Le butin qu'il emporta et ce qui fut pris ou détruit pendant l'attaque et le bombardement, causa aux Portugais un dommage estimé à plus de vingt-cinq millions de francs.

La lâcheté du gouverneur F. Castro de Moraes fut punie par le séquestrement de tous ses biens, et par la prison pour le restant de ses jours dans une forteresse de l'Inde. Le Portugal agit sagement en flétrissant de cette manière le manque de courage et de patriotisme du gouverneur de Rio de Janeiro. On devrait procéder ainsi avec tout chef chargé d'intérêts aussi sacrés que la défense d'une place, et qui après mainte rodomontade « lorsqu'il touche le danger du doigt, comme dit la fable, s'enfuit aussitôt qu'il le voit! »

PHÉBUS ET BORÉE.

(Livre VI. — Fable 3.)

Plus fait douceur que violence.

COMPARAISON ENTRE HENRI IV ET SES PRÉDÉCESSEURS.

Quand la religion réformée fit des prosélytes en France, le roi Charles IX, conseillé par Catherine de Médicis, sa mère, voulut étouffer le protestantisme par la violence : les journées de Jarnac et de Montcontour ne firent qu'aigrir les deux partis. On joignit alors la perfidie à la cruauté, et la Saint-Barthélemy fut résolue. Qu'en advint-il? le parti protestant s'exaspéra d'autant plus qu'il se croyait purifié par le martyre, et des scènes de meurtre et et de carnage ensanglantèrent la France sous Henri III comme sous son prédécesseur.

Ce monarque employa les moyens les plus violents pour se défaire des ambitieux princes de Guise, s'aliéna par sa fausseté le cœur des catholiques comme celui des protestants, et perdit enfin l'estime de tous.

Henri IV lui succède ; mais, suivant une marche toute contraire à celles de ses devanciers, il met en pratique le système de la douceur; il renonce à prendre Paris pour ne pas voir ses habitants décimés par la famine ; il sait concilier les intérêts de tous, protéger les huguenots, ses frères d'armes, tout en accueillant les catholiques et les ralliant à à sa cause par ses bienfaits. Son changement de religion même, est tout à la fois un acte de condescendance et de profonde politique ; enfin, par l'édit de Nantes, en 1598, il assoupit les discordes religieuses soulevées depuis quarante ans.

Plus disposé à pardonner qu'à punir, le bon Henri se fit chérir des hommes de bien de tous les partis, car il mit en œuvre ce qu'il disait vulgairement, c'est qu'on prend plus de mouches avec un peu de sucre qu'avec un tonneau de vinaigre, et que sur l'esprit des hommes de tous temps et de tous pays « plus fait douceur que violence. »

JUPITER ET LE MÉTAYER.

(Livre VI. — Fable 4.)

Concluons que la Providence
Sait ce qu'il nous faut mieux que nous.

LA MAIN DE DIEU EST PARTOUT.

Tout ce qui arrive en ce monde et nous semble parfois étrange, souvent injuste, est préparé par la Providence pour l'accomplissement de ses desseins.

> Souvent la sagesse suprême
> Sait tirer notre bonheur même
> Du sein de nos calamités [1].

Le mal d'aujourd'hui deviendra un grand bien dans vingt ans, et cette sagesse immuable « sait ce qu'il nous faut mieux que nous. »

Lorsque le cardinal duc de Richelieu, ministre de Louis XIII, gouverna despotiquement la France, il souleva contre lui une animosité générale. Il

---

[1] J.-B. Rousseau.

poursuivit les protestants jusque dans leurs derniers retranchements, et prit la Rochelle après un siége meurtrier; c'était pourtant un mal nécessaire, et si par d'énergiques mesures il n'avait étouffé les derniers efforts du calvinisme, les guerres de religion auraient pu se renouveler comme du temps de Charles IX et de Henri III.

Les rigueurs du cardinal en cette circonstance sont excusées par sa profonde conviction qui, à l'article de la mort, lui faisait dire en recevant le saint viatique : « O mon juge, condamnez-moi si j'ai eu d'autre intention que de bien servir le roi et l'État. »

On a reproché à Richelieu d'avoir fait décapiter le maréchal de Marillac, d'avoir fait enfermer à la Bastille le garde des sceaux ainsi que Bassompierre, d'avoir immolé à sa politique le maréchal de Montmorency, de Thou et Cinq-Mars, et bien d'autres seigneurs qui, jaloux de l'autorité royale, entretenaient la discorde dans le pays, excitaient le faible Gaston à se révolter contre son frère, et ne songeaient, au milieu des calamités publiques, qu'à agrandir leur pouvoir particulier.

Le cardinal-ministre parvint, en suivant son système, à concentrer toutes les puissances de l'État dans la royauté, à faire de la France un pays uni et puissant. Avant lui, ce pays était divisé en provinces dont chacune avait des intérêts divers, suivant les passions ou les caprices des grands seigneurs qui les dominaient. La volonté de Richelieu mit fin à tous ces tiraillement intérieurs, et son absolutisme même, mal nécessaire qui lui fit parfois rencontrer des obstacles de la part du roi dans l'intérêt duquel il agissait, prépara le règne suivant.

C'est donc au cardinal que nous devons en partie ce règne aussi long que glorieux pour la France, et qui sera toujours un sujet d'admiration pour les siècles à venir.

LE COCHET, LE CHAT ET LE SOURICEAU.

(Livre VI. — Fable 5.)

Garde-toi, tant que tu vivras,
De juger des gens sur la mine.

CHARLES XII ET LE SOLDAT.

Le roi de Suède, Charles XII, préoccupé d'une affaire très-importante, alla un jour de grand matin chez son ministre pour en conférer immédiatement avec lui. Il sortit avec un costume négligé et excessivement simple, sans porter aucune marque de sa dignité.

En arrivant dans l'antichambre du ministre, qui était encore couché, le roi trouva un soldat, qui, voyant un homme si mal habillé, lui dit très-cavalièrement d'attendre, et répondit à ses questions d'une manière impolie, car il croyait sans doute avoir affaire à quelque indigent ou à un valet de pied.

Tout à coup la porte des appartements intérieurs s'ouvre, le ministre paraît, et reconnaissant son souverain, se confond en excuses de lui avoir fait faire antichambre vu l'heure matinale. Le soldat, tout honteux en voyant que le personnage « qu'il avait jugé sur la mine, » et surtout sur le costume, n'était autre que le roi de Suède, se jeta à ses pieds en lui disant : « Sire, pardonnez-moi, je vous ai pris pour un homme. » Charles XII lui répliqua : « Il n'y a pas de mal, rien ne ressemble plus à un homme qu'un roi. »

Cette réponse du conquérant était l'expression d'une pensée profonde : il savait qu'un roi n'est digne de ce nom que par ses hauts faits ou son mérite personnel, et il s'appliquait lui-même ces vers de Malherbe, qui dit en parlant des monarques en général :

Ce qu'ils peuvent n'est rien; ils sont ce que nous sommes,
  Véritables hommes,
  Et meurent comme nous.

Ont-ils rendu l'esprit, ce n'est plus que poussière,
Que cette majesté si pompeuse et si fière,
Dont l'éclat orgueilleux étonnait l'univers;
Et dans ces grands tombeaux où leurs âmes hautaines
  Font encore les vaines,
  Ils sont mangés des vers.

Là se perdent ces noms de maîtres de la terre,
D'arbitres de la paix, de foudres de la guerre,
Comme ils n'ont plus de sceptre, ils n'ont plus de flatteurs;
Et tombent avec eux, d'une chute commune.
  Tous ceux que leur fortune
  Faisait leurs serviteurs.

LE RENARD, LE SINGE ET LES ANIMAUX.

(Livre VI. — Fable 6.)

. . . . Et l'on tomba d'accord
Qu'à peu de gens convient le diadème.

JEAN II, ROI DE PORTUGAL.

Corneille, ce génie sublime dont les pensées ont une grandeur romaine, comprenait bien les devoirs des rois quand il disait :

Un roi né pour l'éclat des grandes actions,
    Dompte jusqu'à ses passions ;
Il ne se croit point roi, s'il ne fait sur lui-même,
Le plus illustre essai de son pouvoir suprême.

Peut-on mieux prouver la difficulté de trouver un prince à la hauteur de sa mission; peut-on l'exprimer avec plus de force et de justesse? Le prince doit joindre la justice à l'art si difficile de se vaincre soi-même, car

. . . . Les sceptres des rois
  N'ont que des pompes inutiles,
S'ils ne sont appuyés de la force des lois [1].

---

[1] Malherbe.

A la justice, si le monarque unit la fermeté dans ses desseins, le désintéressement, le vrai courage, il sera digne de régner et obtiendra un rang distingué dans l'histoire ; mais, vu les nombreuses qualités exigées pour occuper un trône avec éclat, avouons avec La Fontaine « qu'à peu de gens convient le diadème. »

Jean II, roi de Portugal, disait que le prince qui se laisse gouverner n'est pas digne de régner, et souvent il réprimandait l'infant son fils à cause de sa faiblesse de caractère et de sa versatilité. Le monarque perdit ce fils qu'il aimait avec une grande tendresse et qu'il pleurait amèrement, et pourtant il répétait fréquemment : « Ce qui me console, c'est que l'infant n'était pas propre à régner, et Dieu en me l'ôtant, a montré qu'il veut secourir mon peuple.

LE MULET SE VANTANT DE SA GÉNÉALOGIE.

(Livre VI. — Fable 7.)

Quand le malheur ne serait bon
Qu'à mettre un sot à la raison,
Toujours serait-ce à juste cause
Qu'on le dit bon à quelque chose.

LA VÉRITABLE NOBLESSE.

Tout gentilhomme doit avoir présent à la pensée que « noblesse oblige. » La première noblesse est celle du cœur : celle que l'on montre dans ses actions est préférable même à la noblesse de naissance : mais, vouloir se prévaloir de vains titres en commettant des actes indignes d'un gentilhomme, c'est renier ses aïeux, c'est se ravaler au-dessous des hommes les plus vulgaires :

Si vous n'avez du respect pour vous-même,
Quelque grand nom que vous puissiez porter
Vous ne pouvez vous faire respecter.

Un ministre qui ne fut que trop célèbre sous le règne de Louis XV, s'abandonna à tous les vices et déshonora à la fois son nom, son titre et jusqu'à son âge même. Les excès auxquels il se livrait depuis longtemps le firent tomber très-dangereusement malade, et les médecins déclarèrent qu'il lui fallait subir une opération chirurgicale des plus douloureuses.

Le plus habile praticien de l'Hôtel-Dieu fut appelé. Dès que le ministre le vit entrer il lui dit: « Mon ami ne vas pas me traiter comme les gueux de l'Hôtel-Dieu. — Monseigneur, répondit froidement le chirurgien au noble grand seigneur, tous ces gueux-là sont des ministres pour moi. »

LE VIEILLARD ET L'ANE.

(Livre VI. — Fable 8.)

Notre ennemi, c'est notre maître :
Je vous le dis en bon français.

RÉPONSE D'UN SAUVAGE BRÉSILIEN (1624).

Les Hollandais portaient une haine implacable aux Espagnols, leurs anciens oppresseurs, et cherchaient toutes les occasions de leur nuire. Après avoir longtemps étudié quel aurait été le point le plus vulnérable des colonies espagnoles, ils se résolurent à attaquer la ville de San Salvador de Bahia, qui était alors la capitale du Brésil. Une escadre hollandaise, composée de vingt-six bâtiments et montée par 3,300 marins et soldats sous le commandement de l'amiral Jacob Willekens et du colonel Jean Van Dorth, fit voile pour l'Amérique en 1624 et jeta l'ancre devant Bahia, le 8 du mois de mai de la même année.

Le gouverneur général du Brésil, au nom de l'Espagne, était alors Diogo de Mendonça Furtado, qui n'avait pas plus de quatre-vingts soldats à sa disposition. Averti de l'approche de l'ennemi, il répara les fortifications, arma à la hâte les habitants de la ville et chercha surtout à réunir les Indiens à peu près soumis des tribus voisines en leur persuadant qu'il était de leur intérêt de se conserver sous la domination espagnole et de s'opposer de toutes leurs forces au débarquement des Hollandais. Un des principaux chefs caboclos [1] à qui Mendonça exposait la nécessité de prendre les armes, l'écouta en silence puis lui répondit sans s'émouvoir: « Que nous importe que ce soient ces nouveaux venus ou vous qui gouverniez sur ces plages: vous êtes tous pour nous des ennemis puisque vous nous ôtez la liberté pour nous imposer vos lois et vos usages. » En parlant ainsi, il lui tourna le dos et disparut dans les bois avec ses Indiens.

Bientôt le gouverneur espagnol fut attaqué par les Hollandais qui s'emparèrent des forts, puis de la ville; c'est en vain que Diogo de Mendonça Furtado, retranché dans le palais du gouvernement, se défendit avec la plus grande valeur; ses soldats furent massacrés et il fut lui-même blessé et fait prisonnier ; les ennemis le traitèrent avec considération et lui donnèrent des éloges mérités tant il est vrai :

. . . . Qu'une âme généreuse,
Ne voit pas sans pitié la vertu malheureuse [2].

---

[1] *Caboclos* est le nom donné aux sauvages du Brésil.
[2] Gresset.

LE CERF SE VOYANT DANS L'EAU.

(Livre VI. — Fable 9.)

Nous faisons cas du beau, nous méprisons l'utile;
Et le beau souvent nous détruit.

LE DUC D'ANJOU DEVENU ROI SOUS LE NOM DE HENRI III
(1574).

Dans sa jeunesse et lorsqu'il n'était que duc d'Anjou, Henri III [1] avait déployé des talents militaires aux batailles de Jarnac et de Montcontour, au siége de la Rochelle et en bien d'autres occasions. C'est à cause de cette valeur que les Polonais le choisirent pour leur souverain quelques mois avant le décès de Charles IX dont la mort l'appela à la royauté française, lui faisant ainsi abandonner à la hâte la souveraineté de la Pologne.

On peut dire de ce prince qu'on le crut digne du trône tant qu'il ne l'occupa pas. En effet, à peine fut-il roi de France, que passant son temps en

---

[1] Voir page 181 de cet ouvrage.

frivolités, il parut oublier totalement son antique valeur.

Il se levait à midi, retirait un masque enduit de cosmétique qui lui couvrait le visage pour lui rendre le teint frais et blanc ; ensuite, il ôtait ses gants, passait un temps énorme à se friser, à se pommader, mettait des colliers et des pendants d'oreille, portait, ainsi que ses *mignons* ou favoris, des costumes aussi gênants que ridicules et passait plus de temps à sa toilette qu'une femme des plus coquettes.

Henri III avait oublié la gloire, et toute son ambition était alors d'avoir un visage bien frais et une chevelure bien frisée. Quel abaissement pour un prince qui avait déployé jadis de l'énergie, une valeur brillante et de certains talents comme chef d'armée !

LE LIÈVRE ET LA TORTUE.

(Livre VI. — Fable 10.)

Rien ne sert de courir; il faut partir à point :
Le lièvre et la tortue en sont un témoignage.

FABIUS MAXIMUS LE TEMPORISEUR (233-203 avant J.-C.)

Après avoir été vaincus près du lac de Trasimène, les Romains choisirent pour dictateur Quintus Fabius Maximus qui avait déjà été consul. La situation était difficile; il fallait arrêter les progrès d'un ennemi triomphant et plein d'ardeur. Fabius eut recours à la prudence, fatigua Annibal par des marches et des contremarches continuelles, sans vouloir jamais en venir aux mains dans une bataille rangée. Ce système de lenteur et de temporisation fut ce qui sauva Rome d'une ruine complète.

Le général qui commandait la cavalerie romaine attaqua inconsidérément les Carthaginois et aurait été totalement défait sans le secours opportun du sage Fabius qui le dégagea à propos. Ce qui fit voir « que rien ne sert de courir, il faut partir à point. »

La dictateur s'étant démis du commandement, son successeur suivit une autre marche dans la direction des troupes: bientôt les Romains furent complétement battus à Cannes, et l'on eut recours de nouveau au temporiseur. Ce grand homme reprit par ruse la ville de Tarente, ce qui fit dire au général Carthaginois : « les Romains ont donc aussi leur Annibal. »

Fidèle à son système, Fabius Maximus ne hasarda point une bataille décisive contre Annibal; c'est en vain que celui-ci cherchait à l'attirer dans une action générale, où il sentait qu'il aurait eu tout l'avantage, et lui envoyait dire pour piquer son amour-propre : « si Fabius est aussi grand capitaine qu'il veut qu'on le croie, il doit accepter la bataille. Le temporiseur lui fit répondre : « si Annibal est aussi grand capitaine qu'il le pense, il doit me forcer à la donner. »

Fabius ayant fait un traité avec l'ennemi pour la rançon des prisonniers romains, ne vit pas ses conventions ratifiées par le sénat: il vendit alors ses domaines pour tenir sa parole. Ce grand homme mourut vers l'an 203 avant J.-C.; il était âgé de près de cent ans.

L'ANE ET SES MAITRES.

(Livre VI. — Fable 11.)

. . . . *Tous gens sont ainsi faits :*
Notre condition jamais ne nous contente ;
La pire est toujours la présente.

LE PROFESSEUR D'UN ROI DE FRANCE.

Amyot [1], ce grand homme, qui, né dans une condition des plus obscures, était parvenu aux premiers emplois ecclésiastiques, avait un travers ; c'était de ne point se contenter de sa fortune et de désirer continuellement.

Dès le commencement de sa faveur et n'étant encore que professeur des fils de Henri II, il disait qu'un modeste emploi l'aurait contenté ; mais son ambition s'accrut tellement qu'il devint insatiable, et déjà accablé de biens et de dignités, il en désirait davantage.

---

[1] Voir page 242 de cet ouvrage.

Un jour qu'il sollicitait un nouveau bénéfice auprès de Charles IX, son royal élève ne put s'empêcher de lui observer qu'il lui demandait sans cesse. « Que voulez-vous, sire, répondit Amyot, l'appétit vient en mangeant. » C'est ainsi que « notre condition jamais ne nous contente. »

LE SOLEIL ET LES GRENOUILLES.

(Livre VI. — Fable 12.)

*Esope seul trouvait que les gens étaient sots
De témoigner tant d'allégresse.*

LE MARIAGE DE HENRI VIII (1536).

Henri VIII [1], ce moderne Néron, a sacrifié à ses passions et à ses vengeances, deux reines ses épouses, deux cardinaux, trois archevêques, dix-huit évêques, treize abbés, cinq cents prieurs, moines ou prêtres, quatorze archidiacres, soixante chanoines, cinquante docteurs, douze ducs, marquis ou comtes, vingt-neuf barons et chevaliers, trois cent trente-cinq nobles de moindre distinction, cent vingt-quatre bourgeois et cent dix femmes de qualité.

Lorsque ce tyran de l'Angleterre eut fait exécuter Anna Boleyn pour épouser Jeanne Seymour, il

---

[1] Voir pages 20 et 263 de cet ouvrage.

ordonna, le jour de ses noces, des réjouissances publiques et désirait que ses sujets témoignassent leur satisfaction de ce mariage. Un homme du peuple eut l'imprudence de dire dans la foule qu'il était inutile de témoigner sa joie pour voir ainsi se perpétuer la race des tyrans couronnés. Il fut aussitôt arrêté et jeté dans un cachot.

LE VILLAGEOIS ET LE SERPENT.

(Livre VI. — Fable 13.)

Il est bon d'être charitable :
Mais envers qui? c'est là le point.
Quant aux ingrats, il n'en est point
Qui ne meure enfin misérable.

HENRI IV ET LE DUC DE BIRON (1602).

Charles de Gontaut, baron de Biron, avait été le compagnon d'armes du *Béarnais*; il avait hérité de la valeur de son père, et combattit souvent comme un simple soldat auprès de Henri IV; ils se sauvèrent mutuellement la vie en plusieurs rencontres. Le monarque, pour récompenser les services de ce brave guerrier, le fit duc, puis maréchal de France, et le combla de bienfaits.

Biron était ambitieux; il ne fut pas encore satisfait de sa haute fortune, et se lia avec les ennemis de son roi; il entra dans une conspiration qui avait pour but de rendre le royaume de France électif comme l'empire, et d'y faire autant de gouvernements qu'il y avait de provinces. Le maréchal espérait, avec l'aide de l'Espagne et de la Savoie, avoir pour sa part la souveraineté de la Bourgogne et de la Franche-Comté.

On prévint Henri IV de cette conspiration; il n'y voulut pas croire; ce ne fut que lorsqu'on lui mit entre les mains tous les papiers confidentiels du duc, qu'il écrivit à ce dernier, qui était en Bourgogne, de se rendre auprès de lui.

Biron retarda son voyage sous plusieurs prétextes; enfin il vint à Fontainebleau : le monarque espérait encore que le repentir entrerait dans le cœur du coupable; voyant qu'il dissimulait toujours, il lui parla de ses projets de trahison dont il était instruit. Le maréchal, qui ne le croyait pas aussi parfaitement informé des plans de la conspiration, nia tout, et ajouta même avec insolence : « que n'ayant pas de fautes à se reprocher, il n'avait pas besoin de pardon, qu'il n'était pas venu pour se justifier, mais pour savoir les noms de ses accusateurs, et que si on ne lui en faisait pas justice, il saurait bien se la faire lui-même. »

Le bon Henri, qui avait pour Biron une véritable amitié, loin de répondre à ce discours avec aigreur, continua de parler au maréchal avec la plus grande douceur, car il espérait l'amener à l'aveu de son crime et pouvoir alors exercer envers lui sa clémence. Ils eurent ensemble plusieurs entrevues, mais tout fut inutile, et le duc de Biron continua ses dénégations et ses rodomontades. Henri IV le quitta alors brusquement en lui disant : « Eh bien! il faudra apprendre la vérité d'ailleurs..... Adieu, baron de Biron. » Ce mot en rappelant au coupable ce qu'il était autrefois et toutes les dignités dont il était redevable à son maître, lui témoignait aussi combien il l'avait irrité.

Le roi assembla son conseil, y déposa les preuves de la conspiration en disant : « Je ne veux point perdre cet homme, mais il veut se perdre lui-même, cependant ne le condamnez que si vous jugez qu'il mérite la mort. » Les juges examinèrent les pièces, et dirent à l'unanimité que le coupable méritait la peine capitale. Biron fut arrêté, on lui fit son procès et il fut condamné à avoir la tête tranchée sur un échafaud dressé dans une des cours de la Bastille, ce qui eut lieu le 31 juillet 1602.

Henri IV accorda la confiscation des biens du maréchal à son frère ; on lui représenta que c'était témoigner trop de condescendance, et qu'on ne pouvait assez punir de pareils attentats pour qu'ils ne se renouvellent pas; le roi répondit : « J'espère que la mort du coupable servira de leçon à son frère, et que ma bonté me l'attachera. »

LE LION MALADE ET LE RENARD.

(Livre VI. — Fable 14.)

. . . . Mais dans cet antre
Je vois fort bien comme l'on entre,
Et ne vois pas comme on en sort.

KERVELEGAN ET LE TRIBUNAL RÉVOLUTIONNAIRE
(1793).

Aug. B. François le Goazre de Kervelegan fut envoyé par la ville de Quimper comme député du tiers état en 1789; il fut réélu en 1792 par le département du Finistère, adopta les idées de la révolution et s'attacha au parti de la Gironde; il dénonça la feuille incendiaire de Marat, et devint en 1793, membre de la commission des douze qui était opposée à la commune de Paris. Le parti qu'il représentait ayant eu le dessous, il fut sommé de comparaître devant le tribunal révolutionnaire, mais comme il savait qu'on pouvait dire alors quand on y était cité : « Je vois fort bien comme on y entre, et ne vois pas comme on en sort, » il s'évada pour se soustraire au décret d'arrestation ; il fut mis hors la loi et n'échappa aux poursuites dirigées contre lui qu'en se cachant dans son département. Il ne rentra dans le sein de la Convention qu'après la chute de la *Montagne*. Kervelegan fit partie par la suite du conseil des Cinq-Cents et entra également dans le Corps législatif ; il y était encore en 1815.

L'OISELEUR, L'AUTOUR ET L'ALOUETTE.

(Livre VI. — Fable 15.)

Les injustices des pervers
Servent souvent d'excuse aux nôtres.
Telle est la loi de l'univers :
Si tu veux qu'on t'épargne, épargne aussi les autres.

ASSASSINAT DE CHILDÉRIC II (673).

Childéric II, déjà maître de l'Austrasie, fut proclamé roi par les grands seigneurs de Neustrie, et réunit ainsi presque toute la monarchie qu'il gouverna par les conseils de Vulfoade maire du palais, et de Leger, évêque d'Autun.

Bientôt il méprisa leurs sages conseils, et comme il était jeune, il s'abandonna à ses passions. Il commit de nombreuses injustices, et fit frapper de verges le seigneur Bodillon après l'avoir attaché à un poteau, ce qui était le châtiment des esclaves.

Bodillon jura de se venger, et rassemblant ses parents et quelques seigneurs mécontents, il surprit le roi qui se livrait au plaisir de la chasse dans la forêt de Livri ; il l'attaqua à l'improviste, le poignarda de sa main, et non content de ce meurtre, il immola encore à sa haine la reine Bilihilde et le jeune Dagobert. Childéric II n'avait pas eu de pitié ; on n'en eut pas pour lui.

LE CHEVAL ET L'ANE.

(Livre VI. — Fable 16.)

En ce monde il se faut l'un l'autre secourir
Si ton voisin vient à mourir,
C'est sur toi que le fardeau tombe.

LE GÉNÉRAL D'ELBÉE ET CHARETTE (1793-1796).

Après la mort du brave Cathelineau, en 1793, les Vendéens lui choisirent un successeur, et ce fut d'Elbée que l'on nomma généralissime ; ce choix ne fut pas approuvé de tous, car l'armée vendéenne avait ses rivalités et ses brigues. Bonchamp et surtout Charette, furent très-jaloux de cette nomination.

Au combat de Luçon où commandait le nouveau général, les Vendéens éprouvèrent une véritable déroute. Charette qui y avait fait des prodiges de valeur et s'était vu à la tête de l'aile droite, soutenir l'effort de toutes les troupes républicaines, en perdant l'élite de sa division, accusa le chef d'incapacité ainsi que ses autres compagnons d'armes. L'animosité qu'il avait contre le général en chef éclata alors ouvertement, et il se sépara de lui sans vouloir rien entendre, en créant une armée à part dans le bas Poitou. Ces dissensions détruisirent l'ensemble des opérations militaires des insurgés, et causèrent plus tard leur ruine totale.

Le généralissime d'Elbée avait péri en 1794. Charette continuant à agir séparément, au lieu d'opérer de concert avec ce qu'on appelait alors la grande armée vendéenne, fut lui-même victime de son entêtement et de sa jalousie. Après de nombreux combats où il déploya une valeur extraordinaire, il fut cerné de toutes parts et fait prisonnier dans le taillis de la Chabotière. Harassé de fatigue, couvert de blessures, le héros vendéen, qui s'appuyait sur deux soldats pour se tenir debout, serait encore parvenu à s'échapper si un traître n'avait pas désigné sa retraite. Les républicains l'arrêtèrent et le conduisirent à Nantes.

Le 28 mars 1796, Hoche, qui voulait convaincre les populations que le redoutable chef était tombé en son pouvoir, fit traverser à Charette toute la ville ; le prisonnier était précédé d'une musique guerrière et accompagné de toutes les troupes de la garnison. La fatigue de cette promenade humiliante était encore augmentée par les injures que quelques gens du peuple adressaient au général vendéen, qui était, par ses blessures, dans un tel état de faiblesse, que malgré son courage opiniâtre, il se sentit défaillir et dut entrer dans une maison pour y boire un verre d'eau.

Après avoir servi de spectacle à la foule pendant trois heures, Charette fut conduit devant un conseil de guerre, formalité bien inutile puisque sa perte était résolue à l'avance, et après cinq heures d'interrogatoire, on prononça son arrêt de mort. Il l'entendit sans trouble et ne demanda qu'une seule chose, c'était de voir sa sœur; le général Duthil lui refusa cette faveur. Sans témoigner aucune colère, le condamné demanda un prêtre et dit :
« Dieu consolera celui pour qui les hommes n'ont point de pitié. »

Honte à jamais aux hommes cruels qui oppriment ainsi le courage malheureux... que leur nom soit flétri par la postérité!

L'exécution de Charette fut fixée au lendemain; on lui fit encore parcourir processionnellement une partie de la ville; il marchait calme et résigné à côté de son confesseur; arrivé sur le lieu de l'exécution, il trouva l'armée républicaine formée en carré. Au moment où il allait être fusillé, il apprit que le général Jacob accusé d'avoir trahi la patrie, pour avoir fui devant lui, était incarcéré et allait être jugé. Le vendéen pensa que son témoignage pouvait sauver un innocent; il demanda le général Duthil et lui dit : « J'apprends qu'un des vôtres est accusé d'avoir fui devant moi; je dois à la vérité et à l'honneur de déclarer que c'est une calomnie : le général Jacob a fait son devoir ; je l'ai vaincu parce que ses troupes ne valaient pas les miennes. »

Sans attendre la réponse du chef des *bleus*, il se dirigea vers le peloton d'exécution. Son confesseur lui adressa alors quelques paroles de consolation. Charette répondit : « Cent fois j'ai marché à la mort sans crainte, et pour la dernière fois j'y vais sans effroi. » Il ne voulut pas qu'on lui bandât les yeux, découvrit sa poitrine, commanda lui-même le feu, et mourut en criant d'une voix retentissante : Vive le roi!!!

La belle mort de cet homme intrépide atténue les fautes que son caractère altier lui fit commettre ; s'il eût pu dompter sa jalousie et agir de concert avec le général d'Elbée, il aurait certainement rendu de bien plus grands services à la cause qu'il servit avec autant de courage que de dévouement.

LE CHIEN QUI LACHE SA PROIE POUR L'OMBRE.

(LIVRE VI. — FABLE 17.)

Chacun se trompe ici-bas :
On voit courir après l'ombre
Tant de fous qu'on n'en sait pas,
La plupart du temps le nombre.

LE COMTE D'ESSEX (1601).

Robert d'Evereux, comte d'Essex, était parvenu aux plus hauts emplois sous la reine Élisabeth dont il était le favori. Il fut envoyé à la tête de dix-huit mille hommes pour apaiser une révolte en Irlande. L'expédition ne fut pas heureuse; les maladies et les désertions diminuèrent tellement l'armée que le comte se vit obligé de demander des renforts, que la reine mécontente lui refusa.

Essex marcha contre les révoltés avec trois mille hommes seulement, et au lieu de combattre, conclut un armistice dont la principale condition était de laisser aux Irlandais le libre exercice de leur culte, plusieurs autres priviléges que la reine d'Angleterre avait dû ratifier ; enfin, le comte d'Evereux demandait pour lui-même à être nommé vice-roi.

Élisabeth, méfiante par caractère, pensa alors que son favori n'aspirait qu'à la royauté ; elle entra dans une violente colère et dit : « Par le Fils de Dieu je ne suis donc plus reine ! Cet homme est-il au-dessus de moi ? nous verrons comment il soutiendra la lutte. »

Bientôt une commission condamna Essex à être suspendu de ses hautes fonctions de conseiller privé, de grand-maître de l'artillerie, et de comte maréchal, et à garder prison au bon plaisir de la reine.

Le favori parut tellement repentant qu'un décret de la souveraine ordonna qu'il ne serait prisonnier que sur sa parole.

Au lieu de chercher à apaiser Élisabeth déjà si irritée, l'imprudent dont la fierté avait été blessée, tint sur elle des propos inconsidérés qui achevèrent de lui aliéner le cœur de sa souveraine ; il entama des négociations avec Jacques, roi d'Écosse, puis se mettant à la tête d'une troupe d'aventuriers et de seigneurs mécontents, il osa marcher vers le palais en cherchant à soulever le peuple. Des troupes repoussèrent les révoltés qui s'enfuirent pour la plupart sans combattre. Essex fut arrêté, puis conduit à la Tour.

Déclaré coupable de haute trahison, il fut condamné à avoir la tête tranchée sur l'échafaud, le 24 février 1601. Cet arrêt fut exécuté le lendemain, et ainsi périt cet ambitieux qui, non satisfait des plus hauts emplois du royaume, avait aspiré imprudemment à une fortune plus élevée. Il avait ainsi quitté la proie pour l'ombre, et semblable au chien de la fable « il n'eût ni l'ombre ni le corps. »

LE CHARRETIER EMBOURBÉ.

(Livre VI. — Fable 18.)

Aide-toi, le Ciel t'aidera.

LE COMMENCEMENT DU RÈGNE DE CHARLES XII
(1700).

Charles XII avait succédé de bonne heure à son père sur le trône de Suède. Frédéric IV, roi de Danemarck, Auguste II, électeur de Saxe et roi de Pologne et Pierre Ier, czar de Russie, formèrent une coalition pour s'emparer des états d'un prince que sa jeunesse et son inexpérience leur faisaient considérer comme un ennemi peu redoutable.

La Suède était consternée; elle n'avait qu'un roi de dix-huit ans qui, jusqu'alors, distrait et indifférent et très-occupé de la chasse, ne donnait pas une haute idée de ses capacités.

Le conseil des ministres délibérait avec crainte et la plupart de ses membres étaient d'avis de conjurer l'orage par des négociations et au besoin des concessions. Tout à coup Charles XII se leva et d'un air grave et ferme dit: « Messieurs, j'ai résolu de ne jamais faire une guerre injuste, mais de n'en finir une légitime que par la perte de mes ennemis. Ma résolution est prise; j'irai attaquer le premier qui se déclarera; et quand je l'aurai vaincu, j'espère faire quelque peur aux autres. » Ces paroles étonnèrent les conseillers et ils y applaudirent avec enthousiasme.

Le jeune roi quitta Stockholm en mai 1700, se mit à la tête de sa flotte composée de quarante-trois vaisseaux, attaqua l'escadre danoise qui évita le combat et alla bloquer Copenhague. Bientôt tout fut prêt pour une descente; les bateaux de débarquement s'avancèrent hardiment sous le feu des batteries ennemies; Charles XII, qui était en tête avec ses gardes, était si impatient d'aborder qu'étant encore à trois cents pas du rivage, il se jeta de sa chaloupe dans la mer et mettant l'épée à la main marcha vers les retranchements. Ses troupes l'imitèrent: les balles sifflaient de tous côtés ; le prince, qui assistait pour la première fois à une bataille, demanda au major Stuart quel était ce sifflement. « Ce sont les balles de fusil que les Danois vous tirent, » dit le major. — Bon! dit Charles, ce sera désormais ma musique. » Au même moment le major était blessé à l'épaule et un lieutenant tombait mort à côté du roi. L'ardeur du jeune monarque électrisant ses troupes, elles s'emparèrent des retranchements.

Les Suédois élevèrent aussitôt des redoutes contre la ville qui, craignant un bombardement, envoya des députés à Charles XII pour le supplier d'épargner les habitants. Le vainqueur leur fit payer 400,000 risdales et bientôt le roi de Danemarck, de peur de voir sa capitale détruite, conclut la paix avec lui: c'est ainsi que le roi de Suède termina en six semaines une guerre qui paraissait si redoutable.

Les généraux de Charles XII n'étaient pas moins heureux que lui contre le roi de Pologne qui était obligé de lever le siége de Riga: il ne restait plus au jeune prince pour achever sa première campagne qu'à marcher contre Pierre Alexiowitz qui était à Narva à la tête de quatre-vingt mille Russes et de cent cinquante canons.

Charles n'avait avec lui que huit mille hommes quand il attaqua l'ennemi à la baïonnette avec une rare intrépidité. Les Russes se défendirent avec opiniâtreté; mais, mal armés et indisciplinés, ils durent céder à la valeur des Suédois et s'enfuirent dans toutes les directions après avoir perdu plus de dix-huit mille hommes.

Le czar, qui ne croyait pas être attaqué sitôt et qui avait été chercher lui-même un renfort de quarante mille hommes pour envelopper et accabler son ennemi, avait laissé le commandement de ses troupes au duc de Croï. Ce général vint à la tête de son état-major, rendre son épée au jeune vainqueur et se constituer prisonnier avec le reste de l'armée. Charles XII ne conserva que les officiers et renvoya cette multitude désarmée en lui ordonnant de repasser la rivière, car s'il eût gardé tous ces prisonniers, leur nombre aurait été cinq fois plus grand que celui des vainqueurs.

Ce héros de dix-huit ans ne borna pas là ses succès, il attaqua bientôt les Saxons, battit le général Stenau et le duc de Courlande et entra en vainqueur dans Birzen où l'électeur de Saxe et le czar avaient conspiré sa ruine peu de temps auparavant.

C'est ainsi que dès le début de son règne, Charles XII, par son talent et son courage, se tira d'une situation critique et qu'il mit en pratique ce précepte du sage : « Aide-toi, le ciel t'aidera. »

LE CHARLATAN.

(Livre VI. — Fable 19.)

Le monde n'a jamais manqué de charlatans :
Cette science, de tout temps,
Fut en professeurs très-fertile.

DERNIERS MOMENTS DE CROMWELL [1] (1658).

Cromwell n'affectait une dévotion exagérée que pour inspirer à la foule la crainte et le respect. Il savait que le vulgaire se laisse facilement prendre au charlatanisme et il l'employait avec un rare talent.

Étant presque à l'agonie et abandonné par les médecins, le protecteur affirmait hautement qu'il reviendrait à la santé et que Dieu lui avait apparu et découvert l'avenir; il avoua pourtant tout bas son imposture à quelques amis intimes et leur dit: « Si j'ai la chance de guérir me voilà prophète, et

---

[1] Voir page 240 de cet ouvrage.

si je meurs, que m'importe qu'on me croie un fourbe ? »

Cette réponse nous donne à peu près l'explication de presque toutes les prédictions faites par les charlatans, prédictions à double entente qu'ils ont toujours soin d'arranger de façon à ce que personne ne puisse les vérifier au grand jour.

LA JEUNE VEUVE.

(Livre VI. — Fable 21.)

La perte d'un époux ne va pas sans soupirs :
On fait beaucoup de bruit, et puis on se console.
Sur les ailes du Temps la tristesse s'envole :
Le Temps ramène les plaisirs.

ANNE DE BRETAGNE (1498).

Lorsque le roi Charles VIII mourut presque subitement, le 7 avril 1498, sa veuve Anne de Bretagne montra un désespoir si exagéré, que plusieurs historiens ont douté qu'il fût sincère. Quoique l'usage voulut alors que les reines portassent le deuil en blanc, elle se vêtit de noir; resta deux jours sans boire, manger, ni dormir; ne répondant autre chose à ceux qui cherchaient à la consoler qu'elle avait résolu de prendre le chemin de son mari.

Charles VIII mourant sans laisser d'enfants, la couronne revenait de droit au duc d'Orléans qui prit le titre de Louis XII. Ce prince avait depuis longtemps une grande affection pour Anne de Bretagne ; il s'empressa d'aller la visiter. La veuve, plus désolée peut-être par ambition que par amour, sentit bien qu'il n'y avait que Louis XII qui put la replacer sur ce trône de France qu'elle regrettait tant, et manœuvra si habilement que le 18 août 1498, tout en manifestant, il est vrai, quelques scrupules, elle signait une promesse de se remarier avec le roi de France.

Pour arriver à ce but il y avait des difficultés, car Louis était marié à Jeanne de France, princesse peu favorisée des dons extérieurs, mais qui rachetait sa laideur par les qualités du cœur et de l'esprit et une grande vertu. Le nouvel amour du roi le rendit cruel envers sa femme ; il prit pour prétexte de sa demande de divorce qu'ils étaient parents au quatrième degré ; qu'il était le filleul du roi Louis XI, père de Jeanne, ce qui établissait entre eux une affinité spirituelle ; enfin, qu'elle était stérile. La reine dut comparaître devant un tribunal qui, après bien des discussions très-humiliantes pour elle, déclara que son mariage était nul et que le roi pouvait contracter une nouvelle union.

Le peuple murmura de ce jugement et plaignit l'infortunée, qui alla cacher dans un couvent sa honte non méritée : elle y mourut en 1505, révérée comme une sainte.

Il est à remarquer que personne, sauf sa première femme, n'eut à se plaindre du roi Louis XII dans le cours de son règne : il ne fut dur et déloyal que pour cette pauvre princesse, à qui on ne pouvait reprocher que d'être un peu contrefaite. Peut-être fut-il poussé à cette mauvaise action par le violent amour qu'il portait à la veuve de son prédécesseur.

Ce qui est certain, c'est que Louis XII signa son contrat de mariage avec Anne de Bretagne le 7 janvier 1499, neuf mois jour pour jour après la mort de Charles VIII et que la cérémonie nuptiale fut célébrée le lendemain.

Les vers suivants de La Fontaine peuvent s'appliquer avec justesse à cette veuve *désolée :*

>   Entre la veuve d'une année
>   Et la veuve d'une journée,
> La différence est grande : on ne croirait jamais
>   Que ce fût la même personne.

ÉPILOGUE.

Bornons ici cette carrière :
Les longs ouvrages me font peur.
Loin d'épuiser une matière,
On n'en doit prendre que la fleur.

(LA FONTAINE, fin du VIe livre.)

FIN.

TABLE DES MATIÈRES

Livre Premier.

	Pages.
Fable I. — *La Cigale et la Fourmi.* — Le Connétable de Montmorency à la bataille de St-Quentin (1557).	1
Fable II. — *Le Corbeau et le Renard.* — Philippe IV et le Marchand.	4
Fable III. — *La Grenouille qui se veut faire aussi grosse que le bœuf.* — Pyrrhus et les Romains (l'an 275 avant J.-C.).	6
Fable IV. — *Les deux Mulets.* — Les Gentilshommes et les Vilains à la bataille de Crécy (1346).	10
Fable V. — *Le Loup et le Chien.* — Le Colon portugais et le Sauvage brésilien (1532-1534).	14
Fable VI. — *La Génisse, la Chèvre et la Brebis en société avec le Lion.* — Le partage de la Pologne (1772).	18
Fable VII. — *La Besace.* — Henri VIII et ses crimes (1509-1547)	20
Fable VIII. — *L'Hirondelle et les petits Oiseaux.* — L'amiral Bonnivet à la bataille de Pavie (1525).	25
Fable IX. — *Le Rat de ville et le Rat des champs.* — Henri IV et le Cultivateur de Meudon (1609).	32
Fable X. — *Le Loup et l'Agneau.* — Destruction de Carthage par les Romains (l'an 147 avant J.-C.).	36
Fable XIII. — *Les Voleurs et l'Ane.* — Le Flibustier Montbars et les Espagnols (1667-1677)	39

TABLE DES MATIÈRES.

Pages.

Fable XIV. — *Simonide préservé par les dieux.* — Mort de Jacquelin de Maillé. — Désintéressement du duc d'Épernon. — L'honneur des dames défendu par douze chevaliers portugais (1395). . 42

Fable XV. — *La Mort et le Malheureux.* — Mort héroïque de Bisson (1827). 47

Fable XVI. — *La Mort et le Bûcheron.* — Belles paroles de Gonzague de Cordoue (1503) 52

Fable XVIII. — *Le Renard et la Cigogne.* — Les Meurtriers de Ragnacaire (510) 54

Fable XIX. — *L'Enfant et le Maître d'école.* — Le maréchal de Brissac et le Jeune soldat (1556) . . . 56

Fable XX. — *Le Coq et la Perle.* — Les Suisses après la bataille de Granson (1476). 62

Fable XXI. — *Les Frelons et les Mouches à miel.* — Le Jugement de Salomon (1010-1000 avant J.-C.). 67

Fable XXII. — *Le Chêne et le Roseau.* — Le Naufrage de la *Blanche-Nef* (1120). 69

Livre Second.

Fable I. — *Contre ceux qui ont le goût difficile.* — L'Histrion et le Paysan 77

Fable II. — *Conseil tenu par les Rats.* — Pepin le Bref et les Seigneurs de sa cour (752). 80

Fable III. — *Le Loup plaidant contre le Renard par devant le Singe.* — Clovis Ier et le Vase de Soissons (486). 83

Fable IV. — *Les deux Taureaux et une Grenouille.* — Le Siége de Troie (1195-1185 avant J.-C.). . . 85

Fable V. — *La Chauve-Souris et les deux Belettes.* — L'Abjuration de Henri IV (1593). 88

TABLE DES MATIÈRES. 331

Pages.

Fable VI. — *L'Oiseau blessé d'une flèche.* — Le second Siége de Paris (1871) 91

Fable VII. — *La Lice et sa Compagne.* — Les Colonies grecques dans l'Asie-Mineure (l'an 1068 avant J.-C) 94

Fable IX. — *Le Lion et le Moucheron.* — David et Goliath (1070 avant J.-C.). — Mort de Richard Cœur de Lion (1199) 96

Fable X. — *L'Ane chargé d'éponges et l'Ane chargé de sel.* — Arrestation de Charles le Mauvais (1355). 100

Fables XI et XII. — *Le Lion et le Rat.* — *La Colombe et la Fourmi.* — Le Ministre d'un roi de France sauvé par un simple employé (1830). 102

Fable XIV. — *Le Lièvre et les Grenouilles.* — Lâcheté de Charles le Gros (885-888). 104

Fable XV. — *Le Coq et le Renard.* — Jean Maillard et le prévôt Marcel (1358). 107

Fable XVI. — *Le Corbeau voulant imiter l'Aigle.* — Mort de Joachim Murat (1815) 110

Fable XVIII. — *La Chatte métamorphosée en Femme.* — La Jeunesse d'Achille 113

Livre Troisième.

Fable I. — *Le Meunier, son Fils et l'Ane.* — Le Cardinal Mazarin 115

Fable II. — *Les Membres et l'Estomac.* — Harangue de Menenius Agrippa (l'an de Rome 259). . . . 118

Fable III. — *Le Loup devenu berger.* — Révolte du cosaque Pugatscheff (1773). 121

Fable IV. — *Les Grenouilles qui demandent un roi.* — Inconstance des Thessaliens. 123

TABLE DES MATIÈRES.

Pages.

Fable V. — *Le Renard et le Bouc.* — Mort de Gaston de Foix à la bataille de Ravenne (1512). . . 125

Fable VI. — *L'Aigle, la Laie et la Chatte.* — Duplicité du roi Louis XI. 129

Fable IX. — *Le Loup et la Cigogne.* — Le Voleur pendu, dépendu et rependu. 131

Fable XI. — *Le Renard et les Raisins.* — L'Angleterre et les États-Unis (1782). 133

Fable XII. — *Le Cygne et le Cuisinier.* — La Reine Zénobie et l'empereur Aurélien (272) 135

Fable XIII. — *Les Loups et les Brebis.* — La Paix de Saint-Germain (1570) 138

Fable XIV. — *Le Lion devenu vieux.* — Mort de Mithridate (64 ans avant J.-C.). 143

Fable XVII. — *La Belette entrée dans un grenier.* — Arrestation de Nicolas Fouquet (1661). . . . 145

Fable XVIII. — *Le Chat et le vieux Rat.* — Prise de Troie (1185 ans avant J.-C.). 148

Livre Quatrième.

Fable I. — *Le Lion amoureux.* — Samson et Dalila (1119 ans avant J.-C.). 151

Fable II. — *Le Berger et la Mer.* — Triomphe et mort de Masaniello (1646). 153

Fable III. — *La Mouche et la Fourmi.* — Le Danseur Vestris. 156

Fable IV. — *Le Jardinier et son Seigneur.* — Établissement des Normands en Italie (1016). . . . 158

Fable V. — *L'Ane et le petit Chien.* — Jean Bart à la cour (1697) 161

Fable VI. — *Le Combat des Rats et des Belettes.* — Jean le Bon à la bataille de Poitiers (1356). 166

	Pages.

Fable VII. — *Le Singe et le Dauphin.* — Apelle et le Cordonnier 173

Fable IX. — *Le Geai paré des plumes du Paon.* — Christophe Colomb et Americ Vespuce (1492-1497). 175

Fable X. — *Le Chameau et les Bâtons flottants.* — L'Armée de Xerxès (l'an 480 avant J.-C.). . . . 178

Fable XI. — *La Grenouille et le Rat.* — Henri III et Jacques Clément (1589) 181

Fable XII. — *Tribut envoyé par les animaux à Alexandre.* — Tamerlan et Bajazet Ier (1402). 187

Fable XIII. — *Le Cheval s'étant voulu venger du Cerf.* — Coriolan chez les Volsques (l'an 489 avant J.-C.). 190

Fable XIV. — *Le Renard et le Buste.* — L'empereur Héliogabale (222). 193

Fable XV. — *Le Loup, la Chèvre et le Chevreau.* — Manlius sauve le Capitole (l'an 390 avant J.-C.). 195

Fable XVII. — *Parole de Socrate.* — Les deux Amis de Syracuse. — Les deux Amis au siége de La Capelle (1650) 198

Fable XVIII. — *Le Vieillard et ses enfants.* — Les Fils de Louis le Débonnaire (841) 201

Fable XIX. — *L'Oracle et l'Impie.* — Guillaume, duc de Normandie et Harold (1065). 204

Fable XX. — *L'Avare qui a perdu son trésor.* — Le Poëte Chapelain (1674). 209

Fable XXI. — *L'Œil du Maître.* — Jeanne d'Arc présentée au roi Charles VII (1429) 212

Fable XXII. — *L'Alouette et ses petits avec le Maître d'un champ.* — Robert de la Marck à la bataille de Novare (1513). 216

Livre Cinquième.

Pages.

Fable I. — *Le Bûcheron et Mercure.* — L'empereur Auguste et le vieux soldat. 219

Fable II. — *Le Pot de terre et le Pot de fer.* — Le Régent et Law (1715-1720). 221

Fable III. — *Le petit Poisson et le Pêcheur.* — Stanislas Leczinski (1736) 226

Fable V. — *Le Renard ayant la queue coupée.* — Modes adoptées par certains princes 228

Fable VI. — *La Vieille et les deux Servantes.* — Mort de Charles le Téméraire (1477). 231

Fable VII. — *Le Satyre et le Passant.* — Assassinat du duc de Guise par Poltrot (1563). 237

Fable VIII. — *Le Cheval et le Loup.* — Le Protecteur Cromwell. 240

Fable IX. — *Le Laboureur et ses enfants.* — Jacques Amyot (1513-1593) 242

Fable X. — *La Montagne qui accouche.* — L'Invincible Armada (1588). 245

Fable XI. — *La Fortune et le Jeune Enfant.* — Destruction de la flotte turque à Tchesmé (1770). . . 249

Fable XIII. — *La Poule aux œufs d'or.* — Le Roi Darius. 253

Fable XIV. — *L'Ane portant des reliques.* — Thierry Ier et Ebroïn, maire du palais (670-680). 255

Fable XV. — *Le Cerf et la Vigne.* — Établissement de Villegaignon au Brésil (1555). 257

Fable XVI. — *Le Serpent et la Lime.* — Les Détracteurs d'Homère. 260

Fable XVII. — *Le Lièvre et la Perdrix.* — Catherine d'Aragon et Anna Boleyn (1536). 263

TABLE DES MATIÈRES.

Pages.

Fable XVIII. — *L'Aigle et le Hibou.* — Les Chinois. . . 268

Fable XIX. — *Le Lion s'en allant en guerre.* — Les Enfants-Perdus du maréchal de Brissac (1540-1560). . . 270

Fable XX. — *L'Ours et les deux Compagnons.* — La Guerre d'Espagne (1808-1810) 272

Fable XXI. — *L'Ane vêtu de la peau du Lion.* — Patrocle revêtu des armes d'Achille (l'an 1186 avant J.-C.) 276

Livre Sixième.

Fables I et II. — *Le Pâtre et le Lion.* — *Le Lion et le Chasseur.* — Expédition de Duguay-Trouin à Rio de Janeiro (1711). 279

Fable III. — *Phébus et Borée.* — Comparaison entre Henri IV et ses prédécesseurs. 284

Fable IV. — *Jupiter et le Métayer.* — La main de Dieu est partout 286

Fable V. — *Le Cochet, le Chat et le Souriceau.* — Charles XII et le soldat 289

Fable VI. — *Le Renard, le Singe et les Animaux.* — Jean II, roi de Portugal 291

Fable VII. — *Le Mulet se vantant de sa généalogie.* — La véritable noblesse 293

Fable VIII. — *Le Vieillard et l'Ane.* — Réponse d'un sauvage brésilien (1624). 295

Fable IX. — *Le Cerf se voyant dans l'eau.* — Le duc d'Anjou devenu roi, sous le nom de Henri III (1574) 297

Fable X. — *Le Lièvre et la Tortue.* — Fabius Maximus le Temporiseur (233-203 ans avant J.-C.). . . 299

Fable XI. — *L'Ane et ses Maîtres.* — Le Professeur d'un roi de France 301

TABLE DES MATIÈRES.

Pages.

Fable XII. — *Le Soleil et les Grenouilles.* — Le Mariage de Henri VIII (1536). 303

Fable XIII. — *Le Villageois et le Serpent.* — Henri IV et le duc de Biron (1602). 305

Fable XIV. — *Le Lion malade et le Renard.* — Kervelegan et le tribunal révolutionnaire (1793). . 308

Fable XV. — *L'Oiseleur, l'Autour et l'Alouette.* — Assassinat de Childéric II (673). 310

Fable XVI. — *Le Cheval et l'Ane.* — Le général d'Elbée et Charette (1793-1796). 312

Fable XVII. — *Le Chien qui lâche sa proie pour l'ombre.* — Le Comte d'Essex (1601). 316

Fable XVIII. — *Le Charretier embourbé.* — Le commencement du règne de Charles XII. (1700). . . 319

Fable XIX. — *Le Charlatan.* — Derniers moments de Cromwell (1658). 323

Fable XXI. — *La jeune Veuve.* — Anne de Bretagne (1498) 325

Épilogue. 328

FIN DE LA TABLE.

Tours, imp. Ladevèze et Rouillé, rue Chaude, 6.

EN VENTE A LA LIBRAIRIE E. BELHATTE
14, RUE DE L'ABBAYE-SAINT-GERMAIN, 14

DICTIONNAIRE UNIVERSEL
DE LA
LANGUE FRANÇAISE
Par P. C. V. BOISTE

AVEC LE LATIN ET LES ÉTYMOLOGIES; LES TERMES PROPRES AUX SCIENCES, ARTS, MANUFACTURES, MÉTIERS, ETC.; EXTRAIT COMPARATIF, CONCORDANCE, CRITIQUE ET SUPPLÉMENT DE TOUS LES DICTIONNAIRES FRANÇAIS; MANUEL ENCYCLOPÉDIQUE DE GRAMMAIRE, D'ORTHOGRAPHE, DE VIEUX LANGAGE ET DE NÉOLOGIE;

Suivi d'un Dictionnaire : 1º des Synonymes; 2º des difficultés de la langue, résolues par les meilleurs grammairiens; 3º de Rimes; 4º des Homonymes et Paronymes. — De Traités : 1º de Versification; 2º des Tropes; 3º de Ponctuation; 4º des Conjugaisons; 5º de Prononciation. — De Vocabulaires : 1º de Mythologie; 2º des Personnages remarquables; 3º de Géographie ancienne et moderne, avec le latin. — D'une Nomenclature complète d'Histoire naturelle; — D'un abrégé de Grammaire en tableau. — Enfin des Principes de Grammaire d'après l'Académie française, etc., etc.

QUINZIÈME ÉDITION

Revue et augmentée par M. CHARLES NODIER, de l'Académie française, et par M. BARRÉ, professeur de philosophie et l'un des auteurs du Complément du Dictionnaire de l'Académie.

Un volume in-4º — Prix : 20 fr.

Ouvrage classique, adopté pour les Bibliothèques et les distributions de prix des Colléges

ET POUVANT TENIR LIEU DE TOUS LES DICTIONNAIRES.

BALBI. Atlas ethnographique du globe. In-folio de 47 tableaux et 1 vol. in-8º de texte. **30 fr.**

BUCHON. Collection des chroniques nationales françaises écrites en langue vulgaire du XIIIº au XVIº siècle, avec notes et éclaircissements. 47 vol. in-8º. **250 fr.**

JAY. Recueil de lettres sur la peinture, la sculpture et l'architecture, écrites par les plus grands maîtres et les plus illustres amateurs qui aient paru dans ces trois arts, depuis le XVº siècle jusqu'au XVIIIº. 1 vol in-8º. **4 fr.**

LA MESANGÈRE. Dictionnaire des proverbes français. Ouvrage le plus complet en ce genre. 3º édit. 1 vol. in-8º de 750 pages. **6 fr.**

www.ingramcontent.com/pod-product-compliance
Lightning Source LLC
Chambersburg PA
CBHW050756170426
43202CB00013B/2449